雨かんむり漢字読本

円満字二郎

草思社文庫

プロローグ

夏目漱石《なつめそうせき》は雨が好きだったんじゃないかなあ、と思うことがある。

たとえば、『それから』の主人公、代助は、かつて思いを寄せた人妻、三千代の結婚生活が破綻していることを知り、彼女を夫から奪い取ろうと決心する。この重大な決意を三千代に告げるとき、外では雨が降っている。「二人は雨のために、雨の持ち来《きた》す音のために、世間から切り離された」と漱石は書いている。

また、『虞美人草《ぐびじんそう》』のクライマックスにも、劇的な雨が降っている。美しくも妖《あや》しいヒロイン、藤尾は、恋人に婚約者がいたことを知らされ、憤りのあまり脳溢血で倒れる。「歇私的里《ヒステリ》性の笑《わらい》は窓外の雨を衝《つ》いて高く迸《ほとばし》った」というのが、その瞬間を描く漱石の筆だ。

だが、ぼくにとって最も印象的なのは、『三四郎』の一場面だ。

主人公の三四郎は、美しい女性、美禰子《みねこ》にほのかな思いを寄せている。それを知ってか知らずか、思わせぶりなことばかりする美禰子。そんな二人が、あるとき、博物館に展覧会を観に行った。出て来ると、外にはここでも雨が降っている。

少し待てばやみそうだ、というわけで、二人は大きな杉の木の下に入った。しかし、雨はなかなかやまない。

「雨はだんだん濃くなった。雫《しずく》の落ちない場所は僅《わず》かしかない。二人はだんだん一つ所へ塊《かた》まって来た。肩と肩と擦《す》れ合うくらいにして立ち竦《すく》んでいた」

ヒリヒリするくらいの〝青春〟ではないか！

こんな場面を読んでいると、漱石先生も、あんなに気むずかしそうな顔をしているくせに、雨を眺めながらいろんな空想にふけっていたんだろうなあ、と思うのだ。

また、次のような話もある。

紀元前二二一年、それまで、長く分裂状態にあった中国は、大帝国のもとに統一された。その偉業を成し遂げたのは、後世、「秦《しん》の始皇帝《しこうてい》」として知られる人物である。

その二年後、始皇帝は泰山《たいざん》という霊山に登り、人間界を統一したことを天に報告する儀式を行った。その帰り道、急に雨が降ってきた。地上では最高の権力を手にしたこの男も、雨はどうすることもできない。とある木の下に逃げ込んで、雨宿りをするしかなかった。

おもしろいのは、始皇帝がこの木に「五大夫《ごたいふ》」という官職を授けたことだ。

その木が自分を助けてくれたことはたしかだ。功績をあげたものにはきちんと報いるのが、皇帝の務め。だとしても、木に位を与えるなんて、冗談がすぎる。あるいは、すべての人間に支配者として君臨する皇帝になってみると、ふざけてみる相手としては木ぐらいしかなかったのだろうか。

泰山に生える木の下で雨宿りをしている間に、始皇帝はいったいどんなことを考えたのだろうか……。


夏目漱石や始皇帝のような偉人だけではない。人間とは、雨を眺めているときにはいろいろなことを考えるもののようだ。

かくいうぼくだって、雨だれの音を聞きながら、とりとめもないことを考える。たいていはあらぬ妄想で、人さまに開陳《かいちん》するのははばかられるようなことばっかりだ。

ただ、あるとき、こんなことを考えた。

――漢字が誕生して以来、人びとは、「雨」という漢字を用いていろいろなことを書き記してきた。ということは、「雨」という漢字を掘り下げていけば、古来、さまざまな人たちが雨を眺めながら考えてきたことの一端に、触れることができるんじゃないか？

それは、「雲」や「雪」や「雷」といった、「雨かんむり」のほかの漢字についても言えることだ。

本書に収めたのは、ぼくがひまなときに、ぼんやりと考えにふけりながら紡ぎ出した物語である。それぞれの漢字について、成り立ちを考え、中国や日本の古典での用例を見つめ、そこにこめられた思いについて想像をめぐらせるのは、この上ないたのしみだった。

その結果としてできあがったこの小さな書物が、読んでくださる方々のイマジネーションを少しでも刺激することがあれば、幸いである。

雨かんむり漢字読本◉目次

I

雨の章

天から降るものは何もかも雨

「雨」の成り立ち

よく知られているように、漢字の原点は、絵であった。〝さかな〟の絵が「魚」となり、〝うま〟の絵が「馬」となった、という具合に。

そういう目で眺めてみると、「雨」という漢字の四つの点々が〝雨だれ〟を描いたものであることは、容易に想像がつく。では、それ以外の部分は、いったい何を表しているのだろうか？

真ん中に縦棒が通っているから、〝傘〟なのかな、と考えてみる。しかし、傘の内側に雨だれが降り込んでいては、用をなさない。とすれば、窓の外に雨が降っている情景か。漢字を生み出した古代中国の人びとも、雨に濡れるのがイヤだったのだろうか。

一世紀の終わりごろに許慎《きょしん》という学者によって書かれた『説文解字《せつもんかいじ》』は、漢字の成り立ちを初めて体系的に研究した辞書だ。一九〇〇年も前の本だから、もちろん、現在ではさまざまな批判もあるけれど、いまだに漢字研究の基本図書であることは、間違いない。

その「雨」のところには、次のように書いてある。

水の雲より下《くだ》るなり。「一」は天に象《かたど》り、「冂」は雲に象《かたど》る。

「象」という漢字には〝形を描く〟という意味があり、その場合には「かたどる」と訓読みする。だから、絵がそのまま文字になったような漢字の作られ方のことを、やや専門的には、〝形をそのまま描く〟という意味で「象形《しょうけい》」と呼んでいる。

つまり、『説文解字』によれば、「雨」とは、〝水が雲から落ちてくる〟という意味であり、「一」の部分は〝天〟を描いたもの、「冂」は〝雲〟の絵なのだ。

あれっ、縦棒はどこに行ってしまったの？　と思いはするけれど、相手はなにしろ一九〇〇年も前の文献なのだから、細かいことは気にしない方がいい。実際、『説文

「雨」の古代文字

解字』よりももっともっと昔、紀元前一三〇〇年ごろに使われていた「甲骨文字《こうこつもじ》」だとか、紀元前一一〇〇年ごろに用いられていた「金文《きんぶん》」だとかいう、いわゆる古代文字を見ると、図のようにいろんな形がある。上二つは甲骨文字、左下は金文。右下はおそらく紀元前五～前三世紀ごろに使われていた漢字。こんなにも威勢よく降る〝あめ〟まであるのだ。

　なんにしろ、「雨」の四つの点は〝雨だれ〟の絵であり、それ以外の部分は、〝空〟なり〝雲〟なりを表しているのだろう。はるかなる天から降り落ちてくる水滴。――漢字を創った人びとは、その壮大なイメージを「雨」の一文字に込めたのである。

動詞としての「雨」

　さて、それでは「雨」という漢字の意味は、何だろうか？

　改めてそんな質問を投げかけてみるのは、漢字には、一文字でいろいろな意味を表すものが多いからだ。たとえば、「天」は〝空〟を表す漢字だが、それ以外に、「弁財天」「天罰」のように〝神〟を意味したり、「天職」「天命」のように〝運命〟を指したりと、多くの意味を持っている。

そこで「雨」についても意味が気になるのだが、辞書を調べてみても、まあ、〝あめ〟以外の意味は見当たらない。比喩的な意味がないではないが、「雨」は、〝あめ〟一筋の漢字だと言っていいのだ。

ただ、漢文ではちょっと変わった使い方をすることがある。

たとえば、「天、久不雨。」というような文があるとする。「不」は、〝○○しない〟〝○○ではない〟という意味を表す漢字。〝○○する〟〝○○である〟ことを表す漢字の上に付けて使われる。

だから、この場合、「不」の下に置かれた「雨」は、〝雨が降る〟という動詞として使われていることになる。そこで、漢文訓読では、これを、

天、久しく雨ふらず。

と読む。「雨」一文字で、「あめふる」と訓読みするのである。

「雨」を動詞として使うなんて！　と思われるかもしれないが、そのこと自体は、そ

れほど驚くことではない。英語のrainだって、名詞にも動詞にもなる。日本語のように、名詞と動詞の形がはっきり異なる方が、めずらしいのだ。

「雨」が降らせるさまざまなもの

ただ、次のような例を見ると、ちょっとびっくりするかもしれない。

天、大いに雪雨《ふ》る。

この場合の「雨」は、〝雪が降る〟という意味で使われている。そこで、訓読では、「雨」という漢字を「ふる」と訓読みするのだ。同様に、

天、大いに雹《ひょう》雨《ふ》る。

という表現もある。

「雨」は、もっと意外なものを降らせることもある。『漢書《かんじょ》』という歴史書には、紀元前一七年、信都《しんと》という町で「魚雨《ふ》る」、つまり、〝魚が天から降ってきた〟という記録がある。竜巻か何かで、巻き上げられたのだろうか。

また、紀元前一世紀の初めごろに司馬遷《しばせん》が著した有名な歴史書、『史記』には、紀

元前三六八年、櫟陽《れきよう》の都で、いったいだれが何をしたからか、「金雨《きんふ》る」つまり〝金が天から降ってきた〟とある。

それだけではない。『後漢書《ごかんじょ》』という歴史書によれば、紀元後一四九年、北方の廉《れん》という土地では、「肉雨《ふ》る」というから、なんと〝肉が天から降ってきた〟のだ。羊のあばらのような肉で、人間の手ぐらいの大きさだったらしい。ここまでくれば、完全に超自然現象である。

つまり、動詞としての漢字「雨」は、天から降ってくるものであれば、何に対しても使うことができるのだ。超自然現象だってカバーしてしまうのである。

漢字の発明にまつわる伝説

そんな超自然現象の中には、漢字の誕生にまつわるエピソードも含まれている。漢字がいつごろ誕生したのかは、歴史の闇のその奥のできごとだ。ただ、伝説としては、漢字を発明したのは蒼頡《そうけつ》という人物だとされている。

蒼頡は、目が四つもあったという、常人を超える眼力を持ち合わせた賢者であった。彼はあるとき、動物の足跡を見ていて、その形からどんな種類の動物のものか区別できることに気づいた。そこにヒントを得て、初めて漢字を創り出したのだという。

そのとき、超自然現象が起こったというのだ。紀元前二世紀に書かれた『淮南子《えなんじ》』という書物から引用しよう。

昔、蒼頡、書を作るとき、天は粟《ぞく》を雨《ふ》らし、鬼《き》は夜、哭《な》く。

「粟」は、アワを代表とする〝穀物〟のこと。蒼頡が漢字を発明すると、空から穀物が降ってきた。ここでは、それを表すのに、漢字「雨」を用いているのである。

それにしても、なぜこんな超自然現象が起こったのか。

15世紀に描かれた蒼頡の肖像画。
『歴代古人像賛』より。

『淮南子』の注によると、幽鬼たちが夜、声を上げて泣いた理由は、こうである。

——文字が発明されると、知識の世界が拡大する。そこで、幽鬼たちは居場所がなくなるのを恐れたのだ、と。

これは、文字の発明の正の側面を表したものだといえるだろう。

一方、同じ注によれば、天が穀物を

降らせた理由は、次のようになる。

――文字を使えば、偽りをも書き記すことができる。人びとはその偽りに心を奪われ、農業をおろそかにするようになる。そこで、天はやがて食糧不足が生じることを知り、穀物を降らせたのだ……。

こちらは、文字の発明の負の側面である。『淮南子』が伝える伝説の中で、文字がもたらすマイナスの方がプラスよりも先に描かれていることは、なにやら意味ありげにも思われる。

天はなぜアワ粒を降らせたか?

ただ、それはそれとして、ぼくが気になるのは、やはり、「雨」の一文字である。天はなぜ、穀物を降らせなくてはいけなかったのだろうか。

食糧不足を心配してくれるのならば、穀物を豊かに実らせてくれれば、それで十分だ。いっそのこと、毎年毎年、豊作を約束してくれたら、なおのことありがたい。天からアワ粒が降ってくるなんて、そんな奇抜なことをしてくれなくったっていいのだ。

だとすれば、この奇抜な方法自体も、天の意思表示だったと考えるべきだろう。

雨は、広い地域にまんべんなく降る。富める者の上にも貧しき者の上にも、平等に降り注ぐ。

また、雨は一過性のものだ。よく言われるように、やまない雨はない。

文字の発明は、偽りの発明でもあった。蒼頡は、パンドラの箱を開けたのだ。これから先、人びとは、偽りのはびこる世界を生きていかねばならぬ。その中で、強き者と弱き者が生まれ、欲望と欺瞞に満ちた幾多もの歴史が、くり返されることだろう。

その悲しい旅立ちの日に、天は、あらゆる人びとに一回きりの餞別《せんべつ》を贈った。それが、天から降ってくるアワ粒だったのではなかろうか。

それきり、人びとは、天に見捨てられてしまったのかもしれない。

三日続けば霖、一〇日だと霔？

長雨を表す漢字

「霖《りん》」という漢字がある。「リン」と音読みし、〝長い間、降り続く雨〟を表す。「霖雨《う》」という熟語の形で、現在でも使われることがある。

「雨かんむり」に「林」を書いて、どうしてそういう意味になるのか？

その理由について、はっきりしたことは、わからない。ただ、「氵（さんずい）」に「林」を書く「淋《りん》」は、ぼくたちは「さびしい」と訓読みして使っているけれど、本来は〝水滴がしたたり落ち続ける〟ことを表す。「流汗淋漓《りゅうかんりんり》」とは、〝汗がぽたぽたと流れ落ちる〟こと。だとすれば、「林」に〝続く〟というイメージがあるとしても、おかし

あめ 雨 ＋ 続く？ 林 ＝ 降り続く雨 霖

あめ 雨 ＋ 度が過ぎる 淫 ＝ 度が過ぎる雨 霪

くはない。

〝長い間、降り続く雨〟を表す漢字には、もう一つ、「霪《いん》」がある。「みだら」と訓読みする「淫《いん》」は〝度が過ぎる〟という意味だから、「霪」がこういう意味になるのは、なんとなくわかる。実際、「淫《いん》雨《う》」で〝長い間、降り続く雨〟を指すこともある。だが、では「淫」にどうして「氵（さんずい）」が付いているのかとなると、これまた、はっきりしない。漢字の成り立ちは、よくわからないことだらけなのだ。

　ところで、「霖」と「霪」は、どう違うのか？辞書によれば、「霖」は、〝三日以上降り続く雨〟だという。これは、紀元前八～前五世紀のことを記した中国の歴史書、『春秋左氏伝《しゅんじゅうさしでん》』や、紀元後一世紀の終わりごろに作られた中国の辞書、『説文解字《せつもんかいじ》』に書いてある説である。

　一方、「霪」については、辞書によっては〝一〇日以上降り続く雨〟だと説明してある。こちらは、時代はだいぶ下って、一三世紀の終わりに中国で作られた『古今韻《ここんいん》会挙要《かいきょよう》』という辞書が載せる説だ。

ただ、こういった説明は、実はあまり当てにはできない。中国人は昔から、数と戯れてもっともらしい説明を付けるのが、好きだからだ。事実、実際の文献を当たってみると、一〇日以上降り続いても「霖」と呼んでいる例が、ごろごろ出てくるのである。

雨が続くと心配になる

たとえば、紀元前三世紀ごろに書かれたと思われる中国思想の古典、『荘子《そうし》』。その「大宗師《だいそうし》」編に、こんな話がある。

子輿《しよ》と子桑《しそう》は、友だち同士である。あるとき、

霖雨すること十日。子輿曰《い》わく、「子桑は殆《ほと》んど病まん」と。

「霖雨」が一〇日も続いたので、子輿は、子桑がきっと病気になっているだろうと心配したのだ。そして、彼は、食事を携えて友だちに会いに行くのである。

つまり、「霖雨」が一〇日も続くと、人びとの暮らしに支障が出始めるということだ。その影響を真っ先に受けるのは、いつの時代も、弱い立場の人間だ。子桑も、貧しか

ったか、病弱だったかしたのだろう。にもかかわらず彼は、見舞いに来た友に向かって、運命というものは潔く受け入れなければならない、と説くのである。

また、同じころに作られた、晏嬰《あんえい》という政治家の言動をまとめた『晏子春秋《あんししゅんじゅう》』の「諫上《かんじょう》」編には、次のようにある。

景公《けいこう》の時、霖雨すること十有七日《じゅうゆうしちにち》。公は飲酒し、日夜相《あい》継ぐ。

今度の「霖雨」は、一七日間。そんなにも長く雨が降り続いて、庶民は生活に苦しんでいるのに、晏嬰が仕える君主の景公は、来る日も来る日も宴会ばかり。それは自分の責任だ、と感じた晏嬰は、大臣の職を辞する覚悟で君主を諫めて、民を救ったのだった。

降り続く雨で困っている人がいるとき、庶民であれば、個人的にお見舞いに行けばいい。しかし、政治家は、何らかの政治的な行動を取らなければいけないのだ。

衰微する王朝の記録

天災のときこそ、政治が何をするかが問われる。——そこから、天災が生じるのは政治が乱れているからだ、という発想が生まれた。なにやら原因と結果が逆になっているような気もするけれど、中国では昔から、そう信じられてきた。その現れとして、いわゆる「正史《せいし》」と呼ばれる中国の正統な歴史書の中には、そのことを示す事例を集めた「五行志《ごぎょうし》」という巻を含むものがある。一般に「二十四史《にじゅうしし》」と総称される正史のうち、その数は一三にも及んでいる。

たとえば、紀元後一～二世紀に中国全土を支配した王朝、後漢《ごかん》の歴史を記した『後漢書』を開いてみよう。この歴史書にも、「五行志」という巻がある。そして、そこには、「霖雨」の極端な例がまとめて四つ、掲載されている。

最初は、西暦一五九年の夏で、「霖雨すること五十余日」。このときは、大将軍の梁冀《りょうき》が権勢をほしいままにし、ついには皇帝によって殺されるという事件が起きた。

それから九年後、一六八年の夏には、「霖雨すること六十余日」。このときは、大将軍の竇武《とうぶ》の一派と、後宮《こうきゅう》で皇帝の私生活の世話をする宦官《かんがん》たちとの間に武力闘争が勃発、竇武側が敗れて、数百人が死んだという。

次いで、一七二年の夏。こんどの雨はさらに一〇日長く降り続いて、「霖雨すること七十余日」。このときは、宦官たちが無実の罪で皇帝の弟を訴え、自殺に追い込んでいる。

最後の記録は、一八九年の夏。雨の日数はまたまた一〇日延びて、「霖雨すること八十余日」。ここまで来ると後漢王朝の宮廷内の闘争は混乱を極めていて、血みどろの争いの中、死者は数千人を数えた。

後漢王朝はこのようにして衰微していき、やがて三国時代の乱世が幕を開けることになる。「霖雨」の日数が増えていくのは、そのことをよく反映している。ただ、それがきっちり一〇日刻みであるところなど、いかにも作りもの臭い。

まったくのでっち上げではないのだろうが、この記録は、「五行志」の著者が頭の中でまとめ直し、自分なりに意味を与えた歴史なのだ、と考えるべきだろう。

政治問題にはならない長雨

ところで、『後漢書』の著者は、五世紀ごろの范曄《はんよう》という学者だが、「五行志」を書いたのは彼ではない。実は、『後漢書』にはもともとは「五行志」はなかった。ただ、三世紀から四世紀にかけての司馬彪《しばひょう》という別の歴史家が、同じ時代のことを記録した『続漢書《しょっかんじょ》』という歴史書には、よくまとまった「五行志」があった。そこで、現在では、『後漢書』というタイトルのもとに、本来は『続漢書』のものだった「五行志」もまとめて出版されているのである。

その司馬彪にとっては、「霖雨」とは、やがて王朝を滅亡へと導く、政治の乱れを示すものだったわけだ。政治が乱れたから「霖雨」が降るのだ。

ただ、おもしろいことに、彼の「五行志」には、「淫雨」の記録もまとまって載せられている。その回数は、西暦九八年から一三一年までのわずか三十数年間に、一〇回にも及んでいる。

とはいえ、その記述は、判で押したように同じである。


淫雨あり、稼《か》を傷つく。


つまり、〝雨が長く続いて、穀物に被害が出た〟というだけ。政治の乱れに関する記述は、一切ない。少なくとも、この記述からは、「霖雨」が政治の乱れを表すのに対して、「淫雨」は政治とは無関係に降るものだ、というふうに読める。

それは司馬彪だけの使い分けだよ。――そう言われてしまえば、それまでのことだ。実際、中国のほかの文献を見てみても、そういう使い分けがされているようには見えないのだから。

でも、ここに見られる「霖雨」と「淫雨」、つまり「霖」と「霪」との違いは、妙にぼくの心を惹きつけてやまないのだ。

現代は「霖雨」の時代？

「霖雨」は、近現代の日本語の文章でも、時折、使われることばだ。たとえば、昭和戦前の時代に、フランス風の香り高い小説世界を作り上げた堀辰雄《ほりたつお》の短篇『楡《にれ》の家』では、ある年の九月の軽井沢の気候を、「例年のように霖雨《りんう》が来て、こんどはもう出ようにも出られなかった」と記している。

また、「七月の十二日に成って漸《ようや》く晴れた。霖雨《ながあめ》の後の日光は殊《こと》にきらめいた」というのは、明治から昭和にかけて活躍した文豪、島崎藤村《しまざきとうそん》の随筆集『千曲川《ちくまがわ》のスケッチ』の一節。このように、この二文字で「ながあめ」と読ませる例も多い。

それと比較すると、「霪」あるいは「淫雨」は、近現代の日本語の文章には用例がとても少なく、ほとんど見られないと言っていい。また、目を中国語の文章に転じても、「霪」よりも「霖」の方がよく使われるという傾向は、変わりがない。

「淫」の不健康なイメージよりも、「林」のナチュラルな雰囲気の方が好まれる、ということもあるだろう。ただ、司馬彪の使い分けを適用すれば、現代においては、政治とは関係なく降る〝ながあめ〟よりも、政治の乱れによって降る〝ながあめ〟の方が多い、ということになるのだ。

それは、この世界の政治が乱れっぱなしであることを、示しているのだろうか。

それとも、我々が何でも政治のせいにしてしまいがちであることを、表しているのだろうか……。

涙はこぼれて零になる

ゼロと読むか、レイと読むか?

キリンビールが二〇一七年の春から売り出した、「ゼロイチ」というノンアルコール・ビールテイスト飲料がある。「ゼロ」とは、もちろん、アルコール分がゼロだという意味だろう。「イチ」は、キリンビールこだわりの「一番搾り製法」を指すらしい。

この商品の正式な書き表し方は、「零ICHI」。ラベルでも、大きな「零」という漢字の下に、横組みで「ICHI」と書いてある。そうして、その下にわざわざ「ゼロイチ」と、カタカナで読み方を示してくれている。

ただ、「零ICHI」と書いてあって、これを何と読むかと問われれば、日本語のネイティブ・スピーカーならばたいていは「ゼロイチ」と答えるのではなかろうか。「レイイチ」と読む人は、ちょっとしたひねくれ者ではないかと思われる。

「気温が零下《れいか》まで下がる」「テストで零点《れいてん》を取ってしまった」など、「零」を「レイ」と読むことは、日常生活レベルでもよくあることだ。ただ、「零」という漢字を一つだけ取り出して示されれば「ゼロ」と読むのが、現代日本語のネイティブ・スピーカーの平均的なところだろう。

しかし、辞書の世界では、事情はちょっと異なる。試みに、岩波書店の『広辞苑』や三省堂の『大辞林』、小学館の『大辞泉』といった代表的な国語辞典で、「ゼロ」を調べてみるといい。その見出しに、漢字では「零」と書き表す旨は、記されていない。解説文の中では「零」に触れているが、そこにははっきりと「れい」という読みがなが付けられている。つまり、「ゼロ」を「零」と書き表したり、逆に「零」を「ゼロ」と読んだりするのは、国語辞典的にはイレギュラーな現象なのだ。

その理由はといえば、「ゼロ」を書き表すのには、算用数字の「0」だとか、漢数字の「〇」を使うことの方が多いからなのだろう。つまり、「ゼロ」を中心に考えた場合、「零」は、その書き表し方としてマイナーな選択肢の一つでしかない、ということだ。

では、逆に「零」に視点を置いて眺めると、どうなるか？　「零下」や「零点」のように「レイ」と読む熟語でも、「零」は、〝何もない数〟、つまり「ゼロ」と読んだ場合と同じ意味を表している。漢字「零」には、もっとほかの意味や用法はないのだろうか。

日本最初の国語辞典の「零」

現在、ぼくたちが使っているような国語辞典を日本で初めて作ったのは、明治から昭和にかけて活躍した国語学者、大槻文彦《おおつきふみひこ》である。彼は、ヨーロッパ各国の母国語の辞書を模範としながら、日本最初の国語辞典をほぼ独力で作り上げ、一八八九（明治二二）年から九一（明治二四）年にかけて刊行した。その名を、『言海《げんかい》』という。

この辞書には、「ゼロ」という項目はないから、このことばは当時はまだ、外来語としてそれほど定着してはいなかったのだろう。しかし、「れい（零）」という項目はもちろん存在していて、次のように説明されている。

算術ノ語、一、十、百、千、万、等ノ十進法ニ、一桁零《オ》チテ空シクナレル処。

注目すべきは、ここで「零」を「おちる」と訓読みして使っていることだ。

当時は、たとえば〝308〟という数を、「三百零八」と書き表すことがあったらしい。この場合、百の位が「三」で、一の位が「八」である。十の位は存在しない。そこを〝落ちて〟いると捉えたのが「零」なのだ、と大槻文彦は説明しているのだ。

〝何もない〟ことも数の一種だと考えて、〝ゼロ〟という概念を生み出したのは、昔のインドの人びとだと考えられている。それが、西へはアラビアを経てヨーロッパへと広まり、東へは中国へと伝わったわけだが、中国でそれを漢字「零」で書き表すようになったのは、今から六〇〇〜七〇〇年ほど前のことらしい。

〝ゼロ〟を書き表す漢字として「零」が使われるようになった理由については、いくつかの説がある。『言海』が述べる〝位が落ちている〟からだという説は、そのうちの一つでしかない。ただ、大槻文彦が、振りがな付きではあるがこのように記述しているということは、当時、「零」という漢字に〝落ちる〟という意味があるのは、それなりに知られたことだったのだろう。

漢和辞典で「零」を調べてみると、たしかに〝落ちる〟という意味が載っている。何が〝落ちる〟のかといえば、「雨かんむり」が付いているのだから、もともとは〝雨粒が落ちる〟という意味だったのだろうということも、容易に想像がつく。

さらに、漢和辞典によれば、「零」には〝こぼれる〟という意味もある。本来の意味が〝雨粒が落ちる〟ことだったのだとすれば、そこから〝水滴がこぼれ落ちる〟という意味が派生したとしても、なんら驚くことはない。

現在でも、これらの意味で漢字「零」が使われることはある。たとえば、「零落《れいらく》」とは、〝落ちぶれる〟こと。「かつては高層マンションに住んでいた彼も、今では零落して、場末のアパート暮らしだ」のように用いる。世の中の流れから〝こぼれ落ちる〟というイメージを持つ、なんともやりきれないことばだ。

「零細《れいさい》企業」だって、別に社員が〝ゼロ〟に近い企業を指すわけではない。この場合の「零」は、〝こぼれ落ちたもの〟というニュアンス。たとえば、お米やお豆などをすくい取って他の容器に移す場合に、最後に残る、細かくてどうしてもこぼれ落ちてしまう〝あまり〟。「零細」とは、もともとはそういう〝すくいようのない〟ものを指す、これまた何ともやりきれないことばなのである。

そこで、漢字「零」の意味として〝あまり〟を載せている漢和辞典も多い。この〝あまり〟とは、いわば〝数のうちに入らないもの〟。存在しないことを表す数〝ゼロ〟を書き表す漢字として「零」が選ばれる際には、この漢字にそういう意味合いがあることが、大きく寄与していたことだろう。

形声文字としての「零」

ところで、漢字「零」については、もう一つ、考えてみたいことがある。それは、〝雨粒が落ちる〟ことを表す漢字に、どうして「令」が含まれているのか、ということだ。

「零」は、音読みでは「レイ」と読む。「令」の音読みも、同じく「レイ」だ。音読みとは、昔の中国語の発音が、日本語風に変化したもの。つまり、「零」に含まれる「令」は、「零」の発音を表すはたらきをしているのである。

こういう漢字を、やや専門的には「形声《けいせい》文字」と呼ぶ。形声文字では、漢字は大きく二つの部分に分けられ、片方は、その漢字がどのようなことに関係する意味を持っているかを表し、残りの片方は、その漢字の発音を表す。「零」ならば、「雨かんむり」は〝雨〟に関係する意味を持つことを表し、「令」は発音を表す、といった具合だ。

かつては、形声文字の発音を表す部分は、意味とは関係がない当て字のようなものだ、と考えられていた。しかし、特に二〇世紀の後半以降、漢字学者たちの研究によって、多くの漢字について、この部分にも隠された意味があることが、明らかになってきた。となれば、「零」に含まれる「令」にも何か意味がないか、考えてみたくなるというものだ。

「令」という漢字を見てすぐに思い出すのは、「命令」だ。しかし、「雨」と「命令」を結びつけて〝雨粒が落ちる〟という意味を導こうとするのは、落語の三題ばなしでもあるまいし、かなり無理がある。

こういう場合には、「令」を含むほかの漢字を探してみる。そこから、共通するイメージを探り出すのだ。

たとえば、「鈴」とは、〝清らかな音色を響かせる楽器の一種〟。現在では名前の漢字としてよく見かける「玲《れい》」は、もともとは〝宝石が触れ合って鳴る澄んだ音〟を表す。本来は〝音楽家〟を指す「伶《れい》」という漢字もある。これらの漢字に共通するのは、〝澄みきった音〟のイメージだ。

ここに、「つめたい」と訓読みする「冷」や、〝頭のはたらきがいい〟という意味の「怜《れい》」を加えて考えると、「令」には、〝澄みきる〟〝冴えわたる〟といった感覚を表すはたらきがありそうだ。現在は「命令」の印象が強い「令」も、もともとはそういう意味合いを持つ漢字であり、そのプラスのイメージは、現在の「令嬢」や「令息」といった「令」の使い方につながってい

雨 ＋ 令 ＝ 零

あめ

澄みきる
冴えわたる

澄みきった
雨粒が
落ちる

る。新元号「令和」の出典となった『万葉集』に出て来る「令月」も同様で、これらの熟語では、「令」はほめことばとして使われているのだ。

となると、「零」にも、〝澄みきる〟〝冴えわたる〟というイメージが含まれている、と考えるべきだろう。「零」は、本来は〝雨粒が落ちる〟ことを表す漢字で、ときには〝落ちこぼれる〟〝あまり〟といった意味にもなる。しかし、その一方で、その〝雨粒〟は〝澄みきって〟いてひたすらに美しいのである。

『伊豆の踊子』の涙

〝落ちこぼれる〟とは、社会から見れば無用な存在になることだ。〝あまり〟だって、世の中の役には立たないものだろう。そんなマイナスのイメージを多分に含む漢字が、同時に〝澄みきる〟〝冴えわたる〟という、純粋で美しいイメージをも持っている。それが、漢字「零」のおもしろいところだ。

さらに言えば、そんな「零」は、〝ゼロ〟を表す漢字として使われるようになったことにより、〝無〟だとか〝スタート地点〟といったイメージも帯びるようになった。役に立たない存在が、同時に美であり、あらゆるもののスタート地点ともなりうる。それは、ほとんど哲学的な広がりを持つ現象のように、ぼくには思われる。

「ゼロ」を書き表す文字が「零」だけではないように、漢字「零」が抱いている世界も、〝ゼロ〟だけではない。実際、昭和の前半くらいまでに教育を受けた人たちはそのことをよく知っていて、彼らが残してくれた文章では、「零」を「こぼれる」と読んで使っている例がよく見られる。中でもぼくにとって印象的なのは、川端康成《かわばたやすなり》の若き日の名作『伊豆の踊子』のラストシーンだ。

主人公の「私」は、旧制高校の学生。自らが抱え込んだコンプレックスに耐えきれなくなって旅に出た「私」は、途中で出会った旅芸人の一座との交流を通じて、ありのままの自分を受け入れられるようになっていく……。

作品は、旅芸人たちと別れた主人公が、東京へと戻る船の中で涙を流す、次のような一節で終わる。

　私は涙を出委《でまか》せにしていた。頭が澄んだ水になってしまっていて、それがぽろぽろ零《こぼ》れ、その後には何も残らないような甘い快さだった。

孤児として育った「私」は、自分の居場所を世の中になかなか見つけられなかったのだろう。旧制高校というエリート集団の中では、〝落ちこぼれ〟かけていたといっていい。旅芸人たちだって、いわゆる世間から見れば、さして重要ではない〝あまり〟

のような存在なのかもしれない。

つまり、ぼくに言わせれば、『伊豆の踊子』とは、「零」と「零」の触れ合いが奏でるドラマなのだ。そのラストで、「澄んだ水」のような涙が「零れ」た後には「何も残らない」と、川端康成は書く。ここに使われた、たった一つの「零」という漢字の奥底に、ぼくは、幾重もの意味を読み取りたくなってしまうのである。

霤と反逆者たちの系譜

偉大なる山に降る雨

「雨だれ、石をうがつ」ということわざは、多くの方がご存じだろう。しかし、これが漢文に由来するということは、あまり知られていないのではなかろうか。

紀元前一五四年というから、前漢王朝の時代のできごとである。中国の南部にあった呉《ご》という国の王、劉濞《りゅうび》は、皇族であったが、皇帝の支配を快く思わず、中央政府に対して反旗を翻そうと考えていた。それを知った家臣の枚乗《ばいじょう》は、王に意見書を奉って、反乱を起こすことの非を説いた。

しかし、呉王はそのまま反乱を起こして敗れ、結局は滅ぼされてしまう。せっかくの枚乗の忠告も効果がなかったわけだが、その意見書は、「上書《じょうしょ》して呉王を諫《いさ》む」というタイトルのもと、『文選《もんぜん》』というアンソロジーに収録されて、現在にまで伝わっている。

枚乗は訴える。呉王が現在、いかに恵まれた地位にいて、それを危険にさらすことがいかに愚かであるか、と。そして、いったん、道に外れた行いをしてしまえば、それが最初は小さなことであっても、いずれ積み重なって大きな災いになるのだ、とも説く。そのたとえとして、

泰山《たいざん》の霤《あまだれ》は石を穿《うが》つ。

というのである。

「霤」は、音読みは「リュウ」で、〝雨だれ〟を指す漢字。「雨だれ、石をうがつ」とは、ここから生まれたことわざなのだ。

ただ、わからないのは、どうしてそれが「泰山」なのか、ということだ。

泰山とは、中国は山東省にそびえる名山。海抜は一五二四メートルだからさして高くはないが、黄河の作り出した大平原にそそり立つ山容は峻険で、古来、中国の山岳信仰の総本山として崇拝されてきた。

そんな霊山だからこそ、雨だれも石をうがつのだ、ということだろうか。ごくごくふつうの平凡な雨だれだって、石に穴をあけることぐらいできるだろうに。

いや、ひょっとすると、ここで穴をあけられているのは、泰山そのものなのかもしれない。泰山ほどに巨大な山でも、雨だれによって少しずつ、穴をあけられていく。それはいずれ、泰山そのものに崩壊をもたらすかもしれない。

枚乗は、自分の意見が受け入れられやすいよう、呉王のことを泰山にたとえられるほど偉大な存在だとヨイショしたのかもしれない。それはそれで、なんだか気の遠くなるようなヨイショではあるけれど……。

けっして満たされない欲望

「雨かんむり」の下に「留」を書く「霤」は、もともとは、「氵（さんずい）」に「留」を組み合わせた「溜」と似た意味で、〝屋根からもれてくる雨を溜《た》める〟という意味だったらしい。大昔の家は、ガラスなどあるわけないので、明かり取りに屋根に穴をあけたら、そこをふさぐことはできない。すると、当然、雨がもれてくる。そこで、それを受ける必要が出てくるわけだ。

そこから、「霤」は、〝雨だれ受け〟を指したり、〝雨だれ〟そのものを表すように

雨＋留＝霤

雨　あめ
留　とどめる
霤　雨だれを受けてとどめる

なった。現在の日本語ではまず用いられない漢字だが、中国の古典を読んでいると、ときどきめぐり会うことがあり、妙に深い印象を残してくれる。ぼくのお気に入りの漢字の一つである。

「泰山の霤は石を穿つ」もその一つなのだが、もう一つ、似たようでだいぶ異なる〝ことわざ〟をご紹介しよう。

霤水《りゅうすい》は以《もっ》て壺榼《ここう》に溢《あふ》るるに足《た》るも、江河《こうか》は漏卮《ろうし》を実《み》たす能《あた》わず。

「榼」は、お酒などを入れておく〝樽〟を表す漢字。「卮」は〝大きな杯〟だから、「漏卮」とは〝水もれする大きな杯〟。前半は、雨だれだって、時間をかければ壺や樽をいっぱいにすることができる、という意味だ。

ならば、〝小さなことでも続ければ大きな結果を成し遂げることができる〟ことが言いたいのかと思いきや、そうではない。なぜなら、後半では、長江や黄河のような大量の水を注いでも、穴のあいた杯はいつまで経ってもいっぱいにはならない、と言っているからである。

これは、紀元前二世紀の中国でまとめられた、『淮南子《えなんじ》』に見えることば。この書物では、『老子《ろうし》』や『荘子《そうし》』の流れをくむ、いわゆる「老荘思想」が説かれている。老荘思想では、〝えらくなりたい〟とか〝頭がよくなりたい〟といった俗世的な欲望は、否定すべきものとされる。人間の欲望には限りがないので、いくらそれを追いかけても、心が満ち足りることはないからだ。

欲望とは、たとえるならば、穴のあいた杯のようなもの。いくら大量の水を注ぎ込んでも、けっして満たされることはない。ならば、壺や樽が〝雨だれ〟によっていっぱいになるのと同じように、欲望がうまく満たされるようにコントロールするすべを身につけなければならない。

『淮南子』では、具体的には、食べものはおなかが減らない程度、衣服は寒さがしのげる程度で十分だと述べている。〝おいしいものが食べたい〟とか〝きれいな服を着たい〟と思うのは、ぜいたくなのだ。

ところで、この『淮南子』という書物は、淮南《わいなん》という国の王だった劉安《りゅうあん》という人物が、学者たちに命じて編纂させたものだ。劉安も、先の「泰山の霤は石を穿つ」の呉王、劉濞と同じく前漢王朝の皇族で、劉濞から見ると、従弟の子どもに当たる。

劉安は、呉王の反乱には参加しなかったものの、それから三〇年ほど後に、やはり反乱を起こそうとして、失敗して自殺している。自分の欲望をコントロールすることができなかった、その結果だろうか。

前漢王朝の権力争いの中で悲劇的な死を迎えた二人の人物が、ともに「霤」の〝ことわざ〟に関係しているというのも、なんだかおもしろい。

イケメンにして愛妻家だが…

「霤」はなぜだか、反乱につながる場面で、ちょくちょく顔を出す。

時代は下って、紀元後の三世紀、西晋《せいしん》王朝の時代。幼少のころから文才をうたわれた、潘岳《はんがく》という人物がいた。この男、筆が立つだけではない。水もしたたるいい男なのである。当時の都、洛陽《らくよう》の街を出歩けば、女たちはみな、目がハートになってしまう。このころ、女性が気に入った男性に果物を投げる風習があったらしいのだが、潘岳の馬車は、果物でいっぱいになったという。

次ページの図は、現在、ぼくたちが見ることのできる彼の肖像画。いかがだろうか？申し訳ないが、ぼくとしては、彼をイケメンだと呼ぶのは気が引ける。昔と今とでは美の基準が違う、と言われてしまえば、それまでなのだけれど。

当代随一のいい男として浮き名を流した一方で、この男、愛妻家でもあった。恩人

19世紀に描かれた潘岳の肖像。『蕭山銭清北祠潘氏宗譜』より。

の娘と結婚して、二〇年以上、仲むつまじく暮らした。最愛の妻に先立たれてしまったとき、悲しみに暮れる潘岳は、彼女を悼む詩を作った。「悼亡詩《とうぼうし》」と題するその詩は、古来、絶唱とされている。

　妻のいない初めての春、夫は彼女の面影を求めて、我が家をさまよう。屏風の陰にはもうその姿はないが、そこに書き残した文字が目にとまる。持ち主をなくした衣裳からは、いまだに彼女の香りがする……。

眠りについても、彼女を忘れることはできない。悲しみは深まるばかりだ。

　春風は隙《すき》に縁《よ》りて来たり
　晨霤《しんりゅう》は檐《のき》を承《う》けて滴《したた》る

「晨」とは〝早朝〟を指す漢字。春の早朝、吹き込むすきま風や、のきからしたたる雨だれの音に、ふと目を覚ましたのだろう。そんなとき、夫は妻の死をひしひしと感じるのだ。

これはまた、なんと印象的な「靁」の使い方であることか。

潘岳は、美文家であった。特に悲しみの表現に優れていて、弔辞を書かせると及ぶ者はいなかった。だから、この「悼亡詩」も、煎じ詰めれば彼の文章技法の集大成にすぎない、とする見方もある。そうだとしても、この作品に描かれた亡き妻への愛は、ぼくを深く感動させる。

ただ、潘岳の生き方は、節操がなかった。権力者におべっかを使うようすは、度を超していた。時の皇后の甥で、権勢を誇っていた賈謐《かひつ》に対しては、その馬車が立てる土ぼこりに向かってさえ、頭を下げたという。

今で言うならば、大臣の車の排気ガスに敬礼をするようなもの。現在では〝他人に後れを取る〟という意味で使われる「後塵《こうじん》を拝す」ということばは、実はこの話に由来している。潘岳の権力者へのへつらいぶりは、故事成語を生み出すほど目に余ったのだ。

彼の肖像画が、けっしてイケメンに描かれてはいないのは、そんなところにも理由がありはしないだろうか……。

権力になびきやすい潘岳は、人の恨みを買うことも多かった。やがて、その一人が、彼に対して陰謀をたくらむ。あるクーデターが未遂に終わった際に、潘岳もその一味だったと、無実の罪を着せたのである。

その結果、潘岳の一族は、全員が死刑となった。あたかも、「悼亡詩」が作られた翌年のことだ。最愛の妻を巻き込まずに済んだことだけが、救いである。

永遠の命は露とともに

不老不死を願う皇帝

「漢字」「漢文」「漢詩」「漢方薬」「漢民族」……。これらの熟語のように〝中国〟を指して「漢」を用いるのは、この文字を名前に戴く王朝の名前に由来している。

現在、ぼくたちが〝中国〟として認識しているのにほぼ相当する領域を、初めて統一的に支配したのは、紀元前二二一年に誕生した「秦《しん》」という王朝であった。しかし、この王朝はわずか十数年で瓦解してしまう。その後を継いだのが、「漢」王朝だった。

漢王朝は、以来、紀元後三世紀の初めに滅亡するまで、約四〇〇年の長きにわたって、〝中国〟全土を統一して支配した。このために、「漢」は〝中国〟の代名詞的な存在になったのである。

漢王朝は、ちょうど真ん中ごろに短い中断の期間があるので、前半を「前漢《ぜんかん》」、後半を「後漢《ごかん》」と呼び慣わされている。その全盛期はといえば、紀元前二世紀の後半、前漢の武帝《ぶてい》の時代だ。この時期、国内の政治は安定し、異民族との抗争にも勝利を収め、財政は豊かで、宮廷には文化の華が咲き誇った。そんな帝国の頂点に立つ皇帝には、人間界において不可能なことなどなかった。

となれば、武帝が、天上にあるという神仙の世界に興味を抱くようになったのも、当然のなりゆきだったろう。少しでも天界に近づくために、彼は「柏梁台《はくりょうだい》」という高い建物を築いた。前漢の歴史を記した『漢書《かんじょ》』によれば、その高さは「数十丈」。仮に三〇丈程度だったとしても、当時の中国での一尺は二三センチほどだから、七〇メートルに近い。現在、世界最大の木造建築といわれる東大寺の大仏殿が高さ五〇メートルほどだから、そのスケールがわかろうというものだ。

それだけではない、武帝はまた、銅で大きな仙人の像を造った。後世の学者が『漢書』に付けた注釈によれば、その高さは「二十丈」というから、約四五メートル。これまた東大寺の大仏の三倍ほどの高さとなる。

この銅像の名前を「承露盤《しょうろばん》」という。「承」は、〝受け取る〟こと。「盤」とは、〝たらい〟。この像、仙人が大きなたらいを両手に持って天に向かって差し出した形をしていて、落ちてくる露を、これで受けるのだ。砕いた宝石をその露に交ぜると、不老不死の仙薬ができあがる、と信じられていた。それを飲むのは、もちろん武帝である。

しかし、不老不死の願いもむなしく、結局は武帝もこの世を去らねばならなかった。柏梁台は、その在世中に火災で焼け落ちた。承露盤は永らく残り続けていたが、漢王朝が滅びて魏《ぎ》王朝の時代になると、時の皇帝が新しい都に移設しようとして壊してしまい、結局は鋳《い》つぶされてしまったとのことである。

酒は天からの恵み

天から落ちてくる露と言ってみたって、所詮は雨水。そんなものをどうしてありがたがるのか？

――バリバリの現代人を自負するぼくはそう思うのだが、これは、別に武帝だけの思いつきではない。中国では昔から、「露」に〝天がもたらす命の素〟というイメージがあるからだ。たとえば、儒教の伝説では、王が善政を行うと、天はあまい味のする「甘露《かんろ》」を降らせる。すると、万物が生き生きするのだという。

一方、儒教とは対立する考え方を持つ老荘思想の書物、『荘子《そうし》』にも、こんな話がある。はるか遠くの「姑射《こや》」という山に住む仙人は、肌は雪のように白く、いつだって若い女性のように生き生きとしている。だれもがうらやむその秘訣はといえば、

五穀を食らわず、風を吸い露を飲む。

ことだという。

また、四世紀から五世紀にかけての大詩人、陶淵明《とうえんめい》は、「飲酒」と題する連作漢詩の七首目で、次のようにうたっている。

秋菊《しゅうきく》 佳色《かしょく》有り
露を裛《まと》いて其《そ》の英《はな》を掇《と》る

秋の美しい菊の花。露をまとったままのその花びらをつむ、というのだが、それをどうするのかというと、酒に浮かべて飲むのだ。これもまた、健康のおまじない。単なる菊の花びらではダメで、それが「露」に濡れていることが大切なのだろう。

この「露」のイメージは、日本にも伝わっている。それは、名前に「露」が付く日本酒がたくさんあることに、端的に現れていよう。

たとえば、酒どころ、新潟県には「柏露《はくろ》」や「杉の露」といったお酒がある。長野

県には「翠露《すいろ》」、熊本県には「香露《こうろ》」。ほかにも、山形県の「竹の露」、神奈川県の「笹の露」、滋賀県の「萩乃露」、福岡県の「花の露」「楢《なら》の露」などなど。探せば、まだまだ出てくるだろう。

「露」の恩恵を受けているのは、酒飲みたちだけではない。日本茶の高級銘柄「玉露《ぎょくろ》」だって、同じことだ。ぼくたちは「露」という漢字を通じて、〝天のもたらす命の素〟をいただいているのである。

二つの方向性を持つ「露」

「露」とは、基本的には〝空気中の水分が固まってできる水滴〟を指す漢字だ。雨のように天から落ちてきてもいいし、草の葉など何かの表面にとどまっていてもかまわない。どちらも「露」で表すことができる。

ただ、「雨かんむり」の下に「路」を書いて、どうして〝空気中の水分が固まってできる水滴〟を表す漢字になるのかというと、その理由ははっきりしない。この意味と、「路」が表す〝みち〟は、関係がなさそうだからだ。

こういう場合、「路」は単に発音を表しているだけだと解釈される。古代の中国語に、〝空気中の水分が固まってできる水滴〟を表すことばがあった。そのことばは、現在

雨＋路＝露

雨　あめ
路　ロ（ろ）（発音）
露　ロ（ろ）つゆ

の音読みだと「ロ」になるような発音がされていた。そこで、その発音を「路」という漢字で表し、それに「雨かんむり」を付けて「露」が生まれた、と考えるのである。こういう漢字の作り方を、やや専門的には「形声《けいせい》」と呼んでいる。

それはともかく、「露」が万物を潤すことを考えれば、それが生物を内側から健康にする〝命の素〟というイメージを持つようになったことは、不思議ではない。ただ、その一方で、「露」には、〝内側のものをむき出しにする〟という意味もある。

「秘密を暴露する」「悪事が露見する」「問題点が露呈する」などが、その例。日本語の「つゆ」にはこういう意味はないので、「短所が露わになる」「怒りを露わにする」のように、訓読みでは「あらわ」と読む。

「内心を吐露する」「新商品を披露する」のような例外もあるものの、〝内側のものをむき出しにする〟という意味の「露」は、マイナスのイメージを帯びていることが多い。〝本来は隠されているべきものが、むき出しになってしまう〟というニュアンスを持っているのだ。「露骨なもの言い」はその最たるもので、「露骨」とは、〝戦場に置き去りにされた死体が風化して、骨が見えるようになる〟ところから生まれた表現である。

「露天」や「露地」などでは、「露」は〝雨ざらしになる〟ことを表す。雨にさらされると、材木は腐り、金属には錆が生じて外側からぼろぼろになる。〝本来は隠されているべきものが、むき出しになってしまう〟という意味は、そこから生じたものなのだろう。

つまり、漢字「露」は、生物の体を〝内側から健康にする〟というイメージと同時に、ものを〝外側からぼろぼろにする〟という意味合いも持っている。相反する二つの方向性を抱え込んでいるのが、この漢字の一筋縄ではいかないところなのである。

善人でもあり、悪人でもある

漢字「露」の根っこにあるのが、〝空気中の水分が固まってできる水滴〟という意味であることは、間違いない。しかし、この根からは、少なくとも二本の意味の枝が伸びている。一本は〝内側から健康にする〟という花を咲かせ、もう一本は〝外側からぼろぼろにする〟という実を結んでいる。

この二面性が「露」特有のものであることは、似た意味を持つ別の漢字、たとえば

「滴」にはこのような二面性がないことから、明らかだろう。

では、なぜ「露」は二面性を持つ漢字になったのか？

この疑問に答えることは、むずかしい。「烙印《らくいん》」の「烙」や「攻略」の「略」のように、「各」を構成要素として持つ漢字には、〝外側から傷つける〟というふうな意味を持つものがある。そのあたりが、ヒントになるのかもしれない。

ただ、今のぼくにとっては、「露」が二面性を持つ理由を詮索するよりも、「露」が二面性を持つという事実そのものについて考えてみることの方が、おもしろい。

〝内側から健康にする〟というのは、いわば「露」の〝善〟の側面だ。とすれば、〝外側からぼろぼろにする〟というのは、「露」の〝悪〟の側面だといえるだろう。

善と悪の二面性を持つ存在。——それは、ぼくたち人間と同じではなかろうか。

よいことをしたつもりなのに、かえって悪い結果になってしまった。あの人はいい人だと思っていたのに、こんな悪いことをするなんて想像してなかった。そんな経験は、だれだってあるだろう。善と悪とはどこかでつながっていて、その境目をきちんと見分けることは、むずかしいものだ。

そういう意味で、「露」は、ものすごく人間臭い漢字なのだ、とぼくは感じるのである。

鬼の霍乱と男装の麗人

マッチョな人がダウンする

「鬼の霍乱《かくらん》」ということばがある。〝ふだんは健康な人が、急に病気にかかる〟という意味だ。

この場合の「鬼」とは、〝恐ろしい人〟という意味合いではなくて、〝体ががっしりしていて、力が強い人〟という雰囲気だろう。「霍乱」とは、〝暑さによって急に気分が悪くなったり、吐いたり下痢をしたりする病気〟を指す。

つまり、「鬼の霍乱」とは、現在ならば、ふだんからジムに通って体を鍛えているマッチョな人が、熱中症で急にダウンしてしまう、というイメージだ。「霍乱」は〝コレラ〟を指すこともあるようだが、どこかユーモラスな雰囲気もある「鬼の霍乱」に限っていえば、それではニュアンスがちょっと厳しすぎるだろう。

「霍」とは、〝すばやい〟ことや〝あわただしい〟ことを表す漢字だ。熱中症にやられると、急に体調が乱れる。だから「霍乱」というわけだ。では、「雨かんむり」の下に「隹《すい》」を書いて、どうして〝すばやい〟とか〝あわただしい〟という意味になるのだろうか。

「雀《すずめ》」「雉《きじ》」「雁《かり》」といった漢字を挙げれば想像がつくように、「隹」は、〝鳥〟を表す漢字である。「雛《ひな》」は〝まだ子どもの鳥〟だし、「雄」「雌」だって、もともとは〝鳥〟の性別を表す漢字なのだ。

「隹」の甲骨文字（右上）
と金文（右下）
「鳥」の甲骨文字（左上）
と金文（左下）

では、「鳥」とは何が違うのかというと、それが今ひとつはっきりしない。「隹」の方が比較的小さいのだとも、尾が短いのだともいうが、雁はそれなりに大きいし、雉はけっこう尾が長い。実際の使われ方もそうだが、図のように「隹」と「鳥」の古代文字を並べて比べてみても、それほどはっきりとした違いがあるわけではなさそうだ。

濡れるのはいやだから

ただ、「隹」は、二つ三つ合わせて使われることがある。たとえば、〝二つで一組〟という意味を表す「双」は、いわゆる旧字体では「雙」と書く。もともとは〝鳥を二羽、一度に手に持つ〟ことだという。「集」も、大昔には「雧」と書いた。こちらも、〝木の上に鳥がたくさん止まっている〟ところから〝あつまる〟という意味になった、とされている。

一方、「鳥」を二つ、三つ合わせて用いることもないわけではないが、現在にまでつながっているような漢字は、皆無だ。とすれば、「隹」の方には〝群れになる〟というニュアンスが含まれているのかもしれない。

雨 ＋ 隹 ＝ 霍

あめ　とり　雨が降って鳥が飛び立つ

「雨かんむり」の下に、〝鳥〟を意味する「隹」を組み合わせた「霍」も、大昔には「靃」と書かれていた。一世紀の終わりごろに作られた漢字の辞書、『説文解字《せつもんかいじ》』では、この漢字を「飛ぶ声なり。雨ふりて双《なら》び飛ぶ者は、其《そ》の声、靃然《かくぜん》たり」

「霍」の金文

と説明している。

「靃」とは、雨が降り始めたとき、二羽が一緒になって飛んでいく動物が立てる羽音を表す漢字だ、というのだが、わざわざ二羽としているのは、字の形にこだわりすぎた解釈だろう。鳥の群れが飛び立つようすを思い浮かべた方が、ピンと来るように思われる。事実、図のように、甲骨文字や金文での「霍」は、「隹」が三つ書いてあることが多い。

また、一八世紀の初めに中国で作られた漢字の辞書『康熙字典《こうきじてん》』の「霍」の項では、六世紀に作られた漢字の辞書『玉篇《ぎょくへん》』を引用して、「鳥の飛ぶこと、急疾《きゅうしつ》なる貌《さま》なり」と書いてある。急いで飛んでいく鳥のようすを表すのが、この漢字だというわけだ。

現在の漢和辞典では、これらを根拠として、「霍」の本来の意味を〝雨が降りだすと鳥が急いで飛び立つ〟ことだと説明するのがふつうだ。そこから転じて、〝すばやい〟とか〝あわただしい〟という意味を表すようになったのだ、と。

とすると、「鬼の霍乱」という表現では、急に熱中症にかかった鬼と、降り始めた雨に大慌てで飛び立とうとする鳥の群れの姿とが、同居していることになる。鬼はかなりたいへんだろうが、鳥の方はどこかに逃げ込めばそれで済む。そのミスマッチが、なんとも言えずおもしろい。

父の代わりに戦場へ…

このように〝あわただしさ〟を感じさせる「霍」なのだが、残念なことに、現代の日本語では「霍乱」以外にまず用いられるチャンスがない。漢詩文では、漢民族の姓の一つなので時々お目に掛かるが、それ以外で使われることは、あまりない。

その数少ない例を探してみて気になったのが、おそらく五世紀ごろに作られた作者不明の物語詩、「木蘭の詩《もくらんのし》」に登場する「霍霍《かくかく》」である。

「木蘭」とは、この物語詩の主人公。若い女性である。作品は、彼女がもの思いに沈んでいる場面から始まる。うら若き乙女がもの思いに沈んでいるからといって、恋をしているわけではない。彼女は昨晩、軍の徴兵名簿に父の名前が載っているのを見てしまったのだ。

彼女には、兄がいない。家には、大きな男の子はいないのだ。だから、父が徴兵されてしまうのは確実だ。大切な父が、死の危険にさらされてしまう。

肖像画集『無双譜』に描かれた木蘭の像（17世紀末）

ならば、私が身代わりになるしかない。——そう決心した木蘭は、男装して戦地へと赴く。そして、中国の北方に広がる大草原のあちこちをめぐること一〇年余り、輝かしい武勲を立てるのだ。

木蘭の活躍には、皇帝も大喜び。莫大な恩賞を与え、高い位を授けようとした。しかし、木蘭はそれを断る。そして、許されるならば故郷へと帰りたいのです、と申し出たのだ。

あの木蘭が帰ってくる！　そう聞き伝えた両親は、年老いた体を寄せ合いながら、町はずれまで迎えに出た。木蘭の姉は、化粧をきちんと整えて、戸口で待ち構える。そして、弟はというと、

小弟《しょうてい》、姉の来たるを聞き、刀を磨くこと霍霍《かくかく》として、豬羊《ちょよう》に向かう。

姉が帰ってくると耳にして、「霍霍」と庖丁を研いで、豚や羊を料理し始めたのだった。

家に着いた木蘭は、昔の服に着替え、昔通りの化粧をして、戦友たちの前に姿を現す。びっくりする戦友たち。彼らは、一二年もの間、生死を共にしてきた木蘭が女性であることに、まったく気付かなかったのだ！

姉を思うと心が痛む

「木蘭の詩」は、伝説を漢詩に仕立て上げたものだ。こんな女性が実在したわけではなかろう。しかし、この伝説は人気があり、中国では後に『花木蘭《ファムーラン》』として、京劇の演目にもなった。さらに、現代になってからは、その名も『ムーラン』というディズニーの映画にまでなっている。

だが、そんな人気作のおおもと、「木蘭の詩」に出てくる「霍霍」を前にして、ぼくは考え込んでしまう。「霍」の持つ〝あわただしさ〟を、ここにも当てはめてよいものかどうか、と。

両親は、喜んで町はずれまで出掛けた。姉はすでに人妻だったからだろう、そうそう外へ出歩くわけにもいかず、戸口で妹の帰りを待ちわびる。その点、出掛けたっていっこうにかまわないはずの弟は、なぜだか台所へと引っ込んで、料理に取りかかるのだ。

木蘭が徴兵に応じる決意をしたとき、家には大きな男の子はいなかった。ということは、この弟は当時、かなり幼かったのだろう。それから一二年も経って、かつての男の子は、ハイティーンくらいにまで成長していたことだろう。

そんな年ごろの少年が、姉に会うのをどこか気恥ずかしく感じたとしても、不思議はない。彼にとって、記憶にしか残っていない姉の姿は、まぶしく感じられるものだったのではなかろうか……。

そういうふうに読むと、この弟、なかなかいい味を出していると感じるのだが、それだと「霍」の持つ〝あわただしさ〟がしっくりこない。

〝あわただしさ〟を生かすには、弟がはしゃぎながら庖丁を研ぎだせばよいわけだ。でも、そんな幼さを残しているならば、両親と一緒に迎えに出る方が自然だ、とも思う。そもそも、いきなり料理に取りかかるのではなく、まず庖丁を研ぎだすあたり、この弟はかなり冷静だ。

そこで、この「霍霍」を、本来の意味に立ち返って〝鳥が飛び立つときの羽音のような音〟を指す、とする解釈もある。日本語に直せば、庖丁を「シャーッ、シャーッ」と研いでいる、という感じだろうか。

また、ここでの「霍霍」は、〝庖丁の刃がきらめくようす〟を表している、という説もある。たしかに、「霍霍」が「光」と共に用いられている例もあるし、〝カミナリの鋭い輝き〟を意味する「霍閃《かくせん》」ということばもある。

だとすれば、「霍」という漢字がその根っこに持っているのは、鳥の羽音であれ金属を磨く音であれカミナリの光であれ、何らかの形で一瞬の間に人の心を撃つ〝鋭さ〟

なのだろうか。たとえば、「ハッとさせる」とでも表現するしかないような……。

そうであるならば、〝あわただしさ〟にも通じるように思われる。

ただ、ここまで来ると、庖丁を研ぎ始めた弟の心に、どのような「ハッとする」思いが去来していたのか、想像をめぐらしてみたくなる。そこには、さまざまな感情が渦巻いていたにちがいない。

立派な姉を誇りに思う気持ちもあったろう。姉のいない間、両親を支え続けたという自負も、あったかもしれない。だが、それらに加えて、幼かったとはいえ、ほんとうならば自分が戦場へ出向くべきだったのだ、という後悔が、弟の胸のどこかを鋭く刺していたのではないか……。

そんな空想を、ぼくはもてあそんでしまうのである。

II 雲の章

雲は空想力をかき立てる！

「雲」は当て字から生まれた

広い野原にごろんと寝そべって、青空を、ただただ眺めて過ごしてみたい……。だれだって、そんなふうに思ったことがあるだろう。その空は、真っ青な日本晴れでもいいけれど、白い雲がぽかりと浮かんでいたら、なおのことといい。流れゆく雲をなんとはなしに目で追いながら、どうでもいいようなことをぼんやりと考えていれば、日ごろのストレスもどこかに消えてしまおうというものだ。

空というキャンバスに、雲はさまざまな模様を描き出してくれる。もしも雲がなかったら、空の〝癒やし〟の効果は、ほとんど半減してしまうに違いない。雲は、ぼくたちを空想の世界へといざなってくれるのである。

その雲が雨を降らせるものだということは、太古の人類も経験から知っていたことだろう。だとすれば、漢字「雲」に「雨かんむり」が付いているのは、何の不思議でもない。

では、「雲」を構成するもう一つの要素、「云」の方は、どういう意味なのだろうか。「云々《うんぬん》」ということばがある通り、「云」は音読みでは「ウン」と読む。訓読みでは、「いう」。つまり、〝言う〟という意味の漢字である。そんな漢字が、どうして「雲」の構成要素として使われているのだろうか。

実は、漢字が誕生したころには、「云」だけで〝くも〟を指していた。ところが、しばらく経つと、「云」は〝言う〟という意味でも使われるようになったのである。

どうしてそんなことになったかというと、当時の中国語では、〝くも〟を指すことばの発音と、〝言う〟という意味のことばの発音とが、よく似ていたかららしい。もともとは〝くも〟を指していた「云」は、発音だけを借りて、当て字として〝言う〟という意味でも用いられるようになったのだ、と考えられている。

雨 あめ
＋
云 本来のくも
＝
雲 くも

こういう漢字の使い方を、専門的には「仮借《かしゃ》」と呼んでいる。あることばを書き表すために、意味の上では何の関係もないけれど、発音だけはよく似た漢字を当て字的に用いることは、漢字の世界では、別にめずらしい現象ではない。

しかし、一つの文字にまったく異なる二つの意味があるのは、混乱のもとだ。そこで、〝くも〟を指し示したい場合には、〝あの雨を降らせるやつの方ですよ〟という意味で、「云」に「雨かんむり」を書き加えて、「雲」と書くようになったのである。

渦巻きなのか、竜のしっぽか?

以上が、漢字「雲」の成り立ちなのだが、それでは、「云」はどうして〝くも〟を指すのだろうか。

この点について、一世紀の終わりごろに作られた漢字の辞書『説文解字《せつもんかいじ》』は、「雲」の項目で、次のように説明している。

云は、雲の回り転ずる形に象《かたど》る。

つまり、「云」は〝水蒸気が渦巻いているようす〟を描いた絵から生まれた、というのだろう。この辞書には、図のように「云」の古い形も二つばかり載せている。そ

『説文解字』が載せる
「雲」の古い文字

れらを見ると、なるほど、そういう気がしないでもない。「云」の成り立ちについては、以後ずっと、基本的にはこの説が踏襲されてきた。しかし、それに反旗を翻したのが、現代日本の漢字学者、白川静《しらかわしずか》だ。白川説によれば、「云」は、あの伝説の霊獣、竜のしっぽが、くるりと曲がって雲の下からのぞいている形だ、というのだ。

「ほんとかいな！」と思われるかもしれない。が、白川漢字学には壮大な体系がある。古代文字では形が似ている「旬」や「九」なども竜に関係すると考えるのだから、「云」もそう読み解くのがふさわしいのだ。

とはいえ、正直なところ、あまりにも「できすぎ」という感じもしないではない。学説としての当否はぼくに判断できることではないが、白川漢字学の「云」の解釈がすばらしくファンタジックであることは、間違いなかろう。

雲は、人びとを空想の世界へといざなってくれる。

雲を見上げるカリスマ漢字学者は、そこに、風雨を巻き起こしながら天高く昇ってゆく竜の尾を見た。そうして、中国古代の人びとの竜神信仰に思いを馳せた。——それは、いかにも雲にふさわしい、ドラマの一場面ではなかろうか。

昔は「雲」という部首があった！

ところで、「雲」の部首は何ですか？　と聞かれたら、だれだって、「雨かんむり」だと答えるだろう。しかし、『説文解字』では違う。「云」なのかというと、そうでもない。驚いたことに、この辞書には「雲」という独立した部首が存在しているのである。

となると、部首「雲」にはほかにどんな漢字があるのかが、気になるところだ。ところが、残念なことに、『説文解字』の部首「雲」には、たった二つしか漢字が収録されていない。一つはもちろん「雲」自身。もう一つは、図のような漢字である。

これは、現在、ふつうに使われている楷書《かいしょ》で言えば、「雲」と「今」を組み合わせたもの。音読みは「イン」で、意味は〝雲によって日がかげる〟ことだという。つまりは、「陰」と読み方も意味も同じ。たしかに、形をよく見ると「今」と「云」は共通で、それに「雨」を組み合わせるか「阝（こざとへん）」を組み合わせるかだけの違いである。

『説文解字』の
部首「雲」の漢字

部首「雲」は、『説文解字』の専売特許ではない。一一世紀、北宋王朝の時代に編纂された、『大広益会玉篇《だいこうえきかいぎょくへん》』という、いかにもむずかしそうな名前をした漢字の辞書にも、「雲」

という部首がある。

この辞書では、現在ではふつうは部首「日」に分類する「曇」なんて漢字も、部首「雲」に入れている。そのほか、部首「雲」には、たとえば図の上段のような漢字が並んでいる。音読みすると、「氣」と組み合わせた漢字は「キ」、「費」と組み合わせた漢字は「ヒ」、「甚」と組み合わせた漢字は「タン」となる。

「雲」を含む漢字のいろいろ

「雲」と何かを組み合わせた漢字は、一八世紀のはじめに作られた『康熙字典《こうきじてん》』ではさらに増える。図の下段がその例で、「雲＋屯」は「トン」、「雲＋犮」は「ハツ」、「雲＋代」は「ダイ」と音読みする。ただし、『康熙字典』では、現在の漢和辞典と同様に、これらの漢字はすべて部首「雨かんむり」に収録されていて、部首「雲」は惜しいことに消滅してしまっている。

こうやって並べてみると、「へえ、こんな漢字もあるのか！」と思わせて、なかなか壮観ではある。ただ、これらの漢字の意味となると、はなはだ心もとない。たいていは「雲の貌《さま》」つまり〝雲の状態〟を表す漢字だ、とだけ書いてあって、それ以上の説明はないからだ。

これらの漢字はすべて、日本語の「ふんわり」「ぽっかり」「もやもや」などのような、雲の状態を表す擬態語なのだろう。それを書き表すために、まずは発音が似た漢字を借りてきて、例によって「仮借」の用法で当て字をした。その上で、〝雲の状態〟であることをはっきりさせるために、「雲」を組み合わせたものだと思われる。

その証拠に、これらの漢字の音読みは、なんのことはない、組み合わせた漢字の音読みとそっくり同じなのだ。

しかし、〝雲の状態〟専用の漢字に、そんなに使い道があろうとは思われない。せっかく作られた漢字だが、あまり活躍の場もないままに用いられなくなり、やがて、雲のどんな状態を指していたのかもよくわからなくなってしまったのである。

雲を通して世界を眺める

とはいえ、例外的に長く使われ続けた漢字もある。それは、「靉《あい》」と「靆《たい》」である。

この二つは、ふつう、「靉靆《あいたい》」という熟語で用いられる。この熟語は、現在の日本の国語辞典でも、ちょっと大型のものならば載せている。〝雲がたちこめるようす〟や、そこから転じて〝気分が晴れないようす〟を指すことばである。

ただ、「靉靆」には、ちょっとおもしろい使い方もある。それは、この二文字で〝めがね〟を表す用法だ。

眼鏡は、西方から伝わった道具らしい。一五世紀には、中国でも用いられていた記録があるという。そして、そのころの呼び名が、「靉靆」なのだ。それは、アラビア語か何かに当て字をしたものだと考えられている。これまた、例の「仮借」の用法の一種である。

とはいえ、眼鏡は、〝雲〟とは関係がない。それなのに、わざわざ「雲」の付く画数の多い漢字を当て字に使ったのは、どうしてなのだろうか？

一六世紀の中国の人、田芸蘅《でんげいこう》の『留青日札《りゅうせいにっさつ》』という本では、その点について、なかなか興味深い考察をしている。田氏は、「靉靆」とは、「軽雲《けいうん》の貌《さま》」つまり〝雲が軽くたなびくようす〟を指すことばだ、という。そして、

軽雲の日月を籠《こ》むるも、其《そ》の明《めい》を掩《おお》わざる如きを言うなり。

軽くたなびく雲が太陽や月を隠しても、その明るさまでは覆いきれない。眼鏡だって、それと同じだ。目の前に置いても、ものが見える。だから、「靉靆」というのだろう、と。

これまた、「ほんとかいな?」ではあろう。ただ、もし、眼鏡をかけるということが、眼の前に雲をたなびかせることなのだとしたら、それはそれで、実にたのしいことではあるまいか?

ぼく自身も、高校生の時以来、ずっと眼鏡をかけ続けている。この三〇年来、ぼくは眼の前に雲をたなびかせながら、いったい何を見てきたのだろうか……。

深い霧のその中で

困難の中を前へと進む

思い返してみると、ぼくのこれまでの人生には、〝霧〟の実体験があまりない。せいぜい、遠くの山にかかるのを眺めたり、窓からぼんやりとにじむ街の灯を見渡したり。霧に視界を極端に閉ざされて怖い思いをしたような体験は、持ち合わせていない。

「霧」という漢字は、「雨」と「務」とから成り立っている。「務」はまた、「敄《む》」と「力」に分けられ、「敄」はさらに「矛」と「攵（ぼくづくり、のぶん）」とに分解できる。「矛」は、「矛盾」という熟語でおなじみのとおり、〝ほこ〟という槍のような武器を表す漢字だ。一方、「攵」は、もともとは〝棒を手に持ってたたく〟という意味を表す。

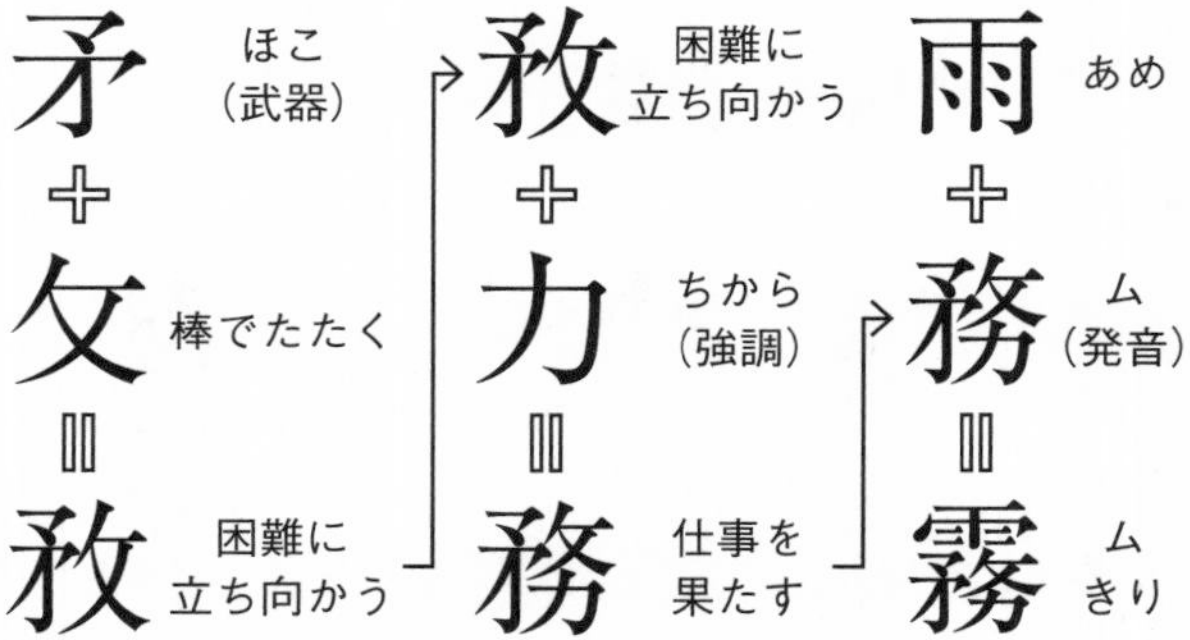

そこで、「敄」は、武器や棒を手にして〝困難に立ち向かう〟という意味になるのだという。そして、「務」は、それに「力」を付け加えて、意味を強調した漢字なのだと、漢字学者は説く。そこから、訓読み「つとめる」で表されるような、〝仕事をきちんと果たす〟という意味が生まれる。

「霧」の構成要素としての「務」は、一般的には、発音を表すはたらきをしているだけだ、と説明される。いわゆる「形声《けいせい》」の漢字である。しかし、「霧」にも〝困難に立ち向かう〟という意味合いがあるのだ、とする漢和辞典もある。視覚がほとんど頼りにならず、手探りで進んで行かざるをえないという状況が、「霧」という漢字の中には縫い込まれているのだ、と。

漢字の成り立ちにはさまざまな説が並立していることが多いから、ある説だけをそのまま信じ込むのは、よした方がいい。とはいえ、「霧」とはその中を手探りで進んでいくものなのだ、とするこの字源説は、ぼくのように〝霧〟の実体験に乏しい人間には、ちょっと抗《あらが》いがたい魅力をもって迫ってくる。

霧を遠くから眺めているだけでは、何も始まらない。その中でいかに行動するかによって、ドラマが生まれるのだ。

天才軍師の知謀が冴える!

二世紀から三世紀にかけての乱世の中国を舞台にした長編小説『三国志演義《さんごくしえんぎ》』に、次のようなエピソードがある。

西暦二〇八年、中国北部を手中に収めた魏《ぎ》の曹操《そうそう》は、天下統一の宿願を果たすべく、大軍を率いて南下を始めた。迎え撃つのは、呉《ご》の孫権《そんけん》と、後に蜀《しょく》の地を手に入れることになるものの、当時はまだ放浪の豪族にすぎなかった劉備《りゅうび》の連合軍。両者は、長江中流の赤壁《せきへき》という場所で、雌雄を決することになった。いわゆる「赤壁の戦い」である。

この一大決戦を前にして、蜀の軍師、諸葛孔明《しょかつこうめい》は、呉の将軍から、一〇万本の矢を一〇日以内に用意するように頼まれる。そんな短期間に、そんな多量の矢を製造できるわけがない。同盟を結んでいるとはいえ、呉の将軍たちは孔明を信頼せず、無理難題をふっかけたのだ。

しかし、孔明はこの途方もない要求を、涼しい顔で引き受ける。しかも、三日もあれば十分だとまで、大見得を切って。

三日目の夜、孔明はたった二〇隻の船で、長江へと乗り出した。それぞれの船に乗り込んだ兵士は、わずかに三〇人ずつ。ただ、船には甲板の全面に、大量のわらの束が積まれていた。

是《こ》の夜、大霧《たいむ》天に漫《みなぎ》り、長江の中《うち》、霧気《むき》更に甚《はなは》だしく、対面するも相《あい》見えず。

折しも、川面には深い夜霧が垂れ込めて、向かい合っている者同士の見分けもつかないほど。その中を二〇隻の船は進み、対岸に停泊中の敵の大軍に近づくと、一斉にときの声を挙げた。

急襲を受けた曹操軍だが、濃霧に遮られて、敵の姿は見えない。そこで、とりあえず、弓矢で応戦することにした。孔明軍の船には、曹操の大軍から放たれた矢が、雨あられのごとく降り注ぐ。すると、孔明は、ころあいを見て引き上げを命じた。

戻ってみると、船に満載されたわらの束には、矢がぎっしりと突き刺さっている。

江戸時代に日本で出版された『絵本通俗三国志』の挿し絵

その数、一隻あたり五〇〇〇本以上。孔明は、約束通り、一〇万本の矢を用意したのである。

天才軍師、諸葛孔明の活躍として有名なこのエピソードも、霧がなくては、成り立たない。孔明の知謀は、その夜に濃霧が長江を覆い尽くすことを正確に予想し、それを利用したのだ。

そう考えると、霧のたちこめる長江へと漕ぎだしていく孔明の姿は、なんと颯爽《さっそう》としていることだろうか！

五里霧中と三里霧中

さて、赤壁の戦いから時代をさかのぼること、六〇年あまり。後漢《ごかん》王朝の半ばすぎ、西暦でいうと一四〇年代のころに、張楷《ちょうかい》という学者がいた。

この学者、いわゆる清廉潔白な人柄で、多くの弟子に慕われた。中央からも仕官の要請が何度もあったがすべて断り、山の中に引きこもって、薬草を採って売って暮らしていた。

そんな張楷は、道術を好み、「五里霧《ごりむ》」を生み出す術を身に付けていたという。当時の「五里」とは、約二キロメートルほど。それくらいの範囲にわたる霧を発生させることができたのだろう。

『後漢書《ごかんじょ》』という歴史書に収録されたこの話から、「五里霧中」という四字熟語が生まれた。ただ、『後漢書』は、時を同じくして「三里霧」の使い手である裴優《はいゆう》なる人物がいたことも、伝えている。

裴優は、自分の術が張楷に及ばないことを知り、教えを請うた。しかし、張楷は会おうともしない。そのうちに、裴優は「三里霧」の術を使って「賊を作《な》し」、事が露見して逮捕されてしまったのだった。

「賊」という漢字を見ると、「盗賊」とか「山賊」が思い浮かぶ。だから、ぼくなどは、裴優も霧にまぎれて強盗でも行ったのだろう、と勝手に想像してしまう。「三里」といえば、約一キロ半もないくらい。強盗を行うにはちょうどいい広さだろう。

ところが、『後漢書』の別のところを見ると、裴優は、西暦一五〇年の二月に、後漢王朝を転覆させて自分が皇帝になろうとして失敗し、死刑となった、とある。たかだか一キロちょっとの霧の中で、そんなだいそれたことをしようと企んでいたとは！ 人は、霧の中では、何か思い切ったことをしたくなるものなのだろうか。

とすれば、「五里霧」の術を操る張楷は、いったい何がしたくて、霧を生み出していたのだろうか。

張楷は、裴優の王朝転覆未遂事件の直後、そのとばっちりを受けてしばらく獄につながれていたが、やがて釈放された。その後は自宅で暮らし、七〇の天寿を全うしたという。

成功した夫を非難する妻

張楷が、自分の生み出した霧の中で何をしていたのかは、わからない。いや、結局のところ、何もしていなかったと考えた方がよいように思われる。だからこそ、天寿を全うすることができたのだ。

「霧豹《むひょう》」ということばがある。〝世間から隠れて、危害を避ける〟ことをいう。そのいわれは、次のようなものだ。

時代ははっきりしないが、紀元前数世紀の昔のこと。陶《とう》という町を治める、荅子《とうし》という役人がいた。彼は三年間、陶の町を治めたが、たいして名声も上がらない。しかし、財産だけは三倍にもなった。五年たって休暇で実家に帰ったときには、馬車を一〇〇台も連ねるという豪勢さだったという。

親戚はみな、荅子の大成功を祝福した。しかし、彼の妻だけは、そうではなかった。子どもを抱き締めて、泣いていたのである。それを見た姑が、「なんて縁起が悪い女なんだよ！」と怒ったのも、無理はあるまい。

しかし、荅子の妻は反論する。あの人は、能力がないのに役職だけ高いのです。功績を上げていないのに財産ばかり増やしているのです。これでは、いずれ大きな災厄が降りかかってくるに違いありません、と。

そうして、彼女は突然、次のような話を始めるのだ。

南山に玄豹《げんぴょう》有り、霧雨《きりさめ》七日なれども下りて食らわざるは、何ぞや。

――南の山に棲む黒い豹は、霧雨が七日間も降り続いても、山から下りてきて食べものを探そうとはしないそうです。それは、どうしてでしょうか？

霧雨に濡れれば、毛皮が傷む。玄豹は、それを嫌っているのだ、と彼女は言う。自分の毛皮を美しく保ちたいからこそ、目先の食欲を抑えて、霧の中でじっとしているのだ。だから、不用意に人里に姿を現して、人間に捕まえられることもないのだ。荅子の妻に言わせれば、夫は異なる。自分の欲を追い求めてばかりだ。だから、家の財産は増えても、町の人びとの暮らしは貧しいまま。今は豪勢な暮らしを楽しんでいても、近い将来、破滅するのは目に見えているのだ。

こうタンカを切った彼女は、その場で離縁を申し出た。そして、そのまま、子どもを連れて出て行ったという。

以上は、紀元前一世紀の学者、劉向《りゅうきょう》が著した『列女伝《れつじょでん》』に載っている話である。白くけぶる霧と、その中でじっと動かぬ黒い豹のコントラストが、印象的だ。

この豹は、霧に包まれて、何もしない。何もしないからこそ、その毛並は乱されることがなく、その輝きは失われることはない。やがて霧が晴れたとき、陽光に照らされて誇らしく立つその姿は、まわりを魅了することだろう。

孔明のように何かをするのがよいのか。それとも、張楷や玄豹のように何もしないのがよいのか。霧に包まれたときには、その中でどう過ごすかが、問われるのだ。

ちなみに、『列女伝』は、陶の荅子の妻の後日談も伝えている。彼女が出て行って一年の後、案の定、荅子は横領の罪に問われ、一家は全員死刑という憂き目にあった。ただ、苔子の母、つまり「なんて縁起が悪い女なんだよ！」と怒ったあの姑だけは、老齢のために許されることになった。

かつての嫁は、かつての姑を引き取り、死ぬまで孝養を尽くしたという。

霞の色はどんな色？

綿菓子を食べるおじいさん

「仙人とちゃうねんから、霞《かすみ》を食べて生きていくわけにはいかへんよ」

母にそんなふうに言われたのは、いったい、いつの日のことだったか。

そのとき、子どもだったぼくがイメージしたのは、白いひげのおじいさんが、綿菓子を食べている姿だった。「仙人」といえば、おじいさんに決まっている。ただ、「霞を食べる」と言われても、近くの神社のお祭りのときに夜店でときどき買ってもらった、あの白くてふわふわした綿菓子しか思いつかなかったのだ。

——綿菓子ばっか食べとるんや、仙人ってうらやましいなあ……。

おそらく現実の厳しさを教えようとした母の気持ちもむなしく、少年の日のぼくが抱いた感想は、そんなものだった。

仙人は霞を食べて生きている。

この言い伝えは、漢文でいう「餐霞《さんか》」という熟語から生まれたものと思われる。「餐」とは、「晩餐」の「餐」で、〝食事をする〟こと。つまり、「餐霞」とは、〝霞を食べる〟という意味だと解釈できるわけだ。

しかし、紀元後一世紀の終わりごろに作られた、中国古代を代表する漢字の辞書、『説文解字《せつもんかいじ》』には、「餐」とは「呑《の》むなり」とある。もともとは〝飲む〟ことを意味していて、それが広がって、「晩餐」のような使い方がされるようになったらしいのである。

天の都に行ってみれば…

実際、漢文では、仙人が「霞を飲む」場面が、時折、描かれる。たとえば、四世紀の初めごろに書かれた『抱朴子《ほうぼくし》』という書物には、次のような話がある。

昔むかし、現在の山西省永済《えいさい》市あたりに、項曼都《こうまんと》という男がいた。この男、仙術を学びたいと考えて、山の中で修業すること三年。ついに仙人にめぐりあい、竜に乗って天上界へと連れて行ってもらえることになった。

あこがれの天の都は、黄金の寝台に宝玉の机、目もくらまんばかりの絢爛《けんらん》さだ。そこでくだんの仙人は、一杯の飲みものを曼都に向かって差し出した。


仙人、但《た》だ流霞《りゅうか》一杯を以《もっ》て我に与《あた》う。之《これ》を飲めば輒《すなわ》ち飢渇《きかつ》せず。


「流霞」を一杯、飲むだけで、お腹も減らなければ喉も渇かなくなったのだ。ただ、曼都はその後、天帝の前で失礼をしでかして、下界へと戻されたという。

この「流霞」がどんな飲みものだったのかは、わからない。ただ、「流麗《りゅうれい》な筆遣い」とか「流暢《りゅうちょう》な英語を話す」などとも使われる「流」という漢字からは、洗練された雰囲気が漂ってくる。

ここで、『説文解字』を調べると、「霞」とは「赤き雲気《うんき》なり」とある。「雲気」は「雲気」と同じだから、〝雲のような水蒸気〟なのだろう。ただ、その色は赤だというのだ。

こうなってくると、綿菓子を食べている白いひげのおじいさんには、退場していただかねばなるまい。代わって、おとなになったぼくの頭の中に浮かんでくるのは、赤ワインか何かをおいしそうに傾けている、優雅なおじいさんの姿である。

朝焼けの美しさの発見

たいていの日本人は、「かすみ」の色を聞かれれば、白だと答えるだろう。だからこそ、綿菓子がイメージされてしまいもするわけだ。それが赤だということは、中国語でいう「霞」と日本語の「かすみ」とは、別のものなのだろうか？

「霞」は、「雨かんむり」の下に「叚」を書く。この「叚」は、「カ」と音読みする漢字で、「ひま」と訓読みする「暇」にも使われている。また、水辺に群がって生える草〝アシ〟を指す「葭《か》」や、〝はるかに遠い〟という意味の「遐《か》」という漢字もある。それらを考え合わせると、「叚」に〝広がり〟のイメージを見いだせないこともない。もしそうだとすれば、「霞」が〝水蒸気〟であるのも、うなずける。

ただ、「霞」という漢字は、紀元前の中国の文献には、ほとんど出て来ない。実は『説文解字』にも最初は収録されていなくて、一〇世紀に増補された際に、追加されている。

雨（あめ）
＋
叚（カ（広がり？））
＝
霞（カ 雲のような水蒸気）

ところが、三世紀、いわゆる三国時代のころから、「霞」が文学によく登場するようになる。六世紀に編まれた、歴代の詩文の名作約八〇〇編を収めた『文選《もんぜん》』では、なんと約四〇もの詩文で

「霞」が使われているのである。

たとえば、四世紀から五世紀にかけての大詩人、陶淵明《とうえんめい》は、「貧士《ひんし》を詠《えい》ずる詩」の中で、次のようにうたう。

朝霞《ちょうか》は宿霧《しゅくむ》を開き
紅鳥《こうちょう》は相与《あいとも》に飛ぶ

「宿霧」とは、〝前日から残っている霧〟。それが、「朝霞」によって消えていくというのだから、この「朝霞」とは〝朝日〟のことかと想像される。しかし、「霞」とは水蒸気なのだから、〝霧〟にも近い。「朝霞」とは、「宿霧」のうちの朝日に照らされた部分をいうのだろう。

――前夜から立ち込めていた霧に朝の光が差してくると、その明るく輝いた部分から、霧が晴れ始める。その中を、朝の太陽に赤く照らされた鳥たちが、連れだって飛んでいく。

陶淵明がどのような気持ちでこの詩を作ったのかはさておき、ここに描き出された情景は、夢の続きでもあるかのように美しい。

この例からもわかるように、漢字としての「霞」は、本来は、〝朝焼けや夕焼けに赤く彩られた雲や霧〟を指す。その赤い色合いにえもいわれぬ美しさを発見したからこそ、『文選』の時代の文人たちは、それまではあまり活躍の場のなかった「霞」という漢字を、よく用いるようになったのだ。

漢詩や水墨画に描かれている、中国的な山水の美。現在では、それは中国文化を代表するイメージにさえなっている。しかし、中国人がそういった美を発見したのは、実は『文選』の時代だったと言われている。

三国時代から続く政治的な混乱の中で、漢民族の貴族たちの多くが、乾燥した中国北部から、温暖湿潤で風光明媚な中国南部へと居を遷したこと。また、インドから伝わった仏教の影響により、自然を尊ぶ老荘思想への関心がそれまでになく高まったこと。そういった事情が、文人たちの目を自然へと向けさせ、新しい美を発見させるに至ったのだ。

つまり、中国的な美の観念の基礎は、『文選』の時代に作り上げられたと言ってもいい。とすれば、「霞」は、その象徴とも呼べる一字なのである。

万葉びとにとっての「霞」

ところで、日本と中国との交流が本格的に始まるのも、ちょうど同じころである。

例の邪馬台国《やまたいこく》の女王、卑弥呼《ひみこ》が魏《ぎ》王朝へと使節を派遣したのは、三世紀の半ばのことだ。

以後、日本列島に住む人びとは、少しずつ中国の文化を受容し、消化していった。その中で、漢字という文字をも理解し、長い時間をかけて、自分たちのことばを書き表す文字として利用するようになっていく。

それでは、彼らは「霞」という漢字を、どのように理解したのだろうか。

現存する日本最古の歌集、『万葉集《まんようしゅう》』に収められた和歌の数は、約四五〇〇。当時はまだひらがなはなかったから、それらはすべて、漢字だけを使って書かれている。そのうち、「霞」という漢字を用いて「かすみ」を書き表しているのは、約七〇首。万葉びともまた、「霞」をよくうたったと言えるだろう。

それ以外に、「香須美」のように万葉仮名を使って「かすみ」を書き表した歌も、一〇首ほどある。だが、「霞」という漢字を用いる方が圧倒的に多いということは、『万葉集』の時代には、日本語「かすみ」を書き表すために漢字「霞」を使うという習慣がすでに成立していた、と見ていいだろう。万葉びとにとって、漢字「霞」と日本語「かすみ」は、同じものだったのである。

だが、実際に見てみると、『万葉集』の「霞」は、『文選』の「霞」ではない。詠み人知らずの歌を集めた巻一〇から、いくつかの例を見てみよう。

ひさかたの　天《あま》の香具山《かぐやま》　このゆふべ　霞たなびく　春立つらしも
冬過ぎて　春来《きた》るらし　朝日さす　春日《かすが》の山に　霞たなびく
鶯《うぐいす》の　春になるらし　春日山　霞たなびく　夜目に見れども

これらの歌によく現れているように、「霞」は、まずは、春の訪れを告げるものとしてうたわれる。そこには、朝日や夕暮れと共に歌われることも多いが、朝焼けや夕焼けの赤いイメージは、あまり感じられない。

そしてもう一つ、万葉びとが「霞」に託したのは、恋であった。

霞立つ　春の長日《ながひ》を　恋ひ暮《くら》し　夜の更けぬるに　妹《いも》に逢へるかも
春霞　立ちにし日より　今日《けふ》までに　わが恋止《や》まず　本《もと》の繁《しげ》けば
見渡せば　春日《かすが》の野辺に　立つ霞　見まくの欲しき　君が姿か

日本列島に住んでいた人びとは、漢字を学習していく際に『文選』をも読んだことだろう。そうして、その中に、中国的な美の世界を象徴するような「霞」を発見したことは、想像に難くない。

ただ、その赤い美しさは、当時の日本人の美の感覚にはそれほど強くは訴えなかったようだ。夜明けと夕暮れの前後に立ち込める「かすみ」に彼らが見出したのは、春の訪れという季節感と、その雰囲気がかき立てる恋の心であったのだ。

そこで彼らは、「霞」という漢字をも、春と恋という二つのイメージを載せて用いることになった。その結果、朝焼けや夕焼けの色は消え、赤い「霞」は白い「霞」へと変貌を遂げたのである。

季節感と、恋の心。

『万葉集』に始まった日本の文学は、以後、この二つを軸として展開じていく。とすれば、「霞」は日本的な美の世界を象徴している漢字だ、ともいえそうである。

大地に霾が吹き荒れて

気の利いたタイトルを探して

昭和を代表する詩人、三好達治《みよしたつじ》に、次のように始まる散文詩がある。

冬の初めの霽《は》れた空に、浅間山が肩を揺すつて哄笑《こうしょう》する、ロンロンロン・ヴッハッハ・ヴッハッハ。「俺はしばらく退屈してゐたんだぞ!」そしてひとりで自棄《やけ》にふざけて、麓《ふもと》の村に石を投げる、気流に灰を撒《ま》き散らす。

この作品のタイトルは、「霾《ばい》」。ふつうの人が読み書きする文章にはめったに登場しない漢字だろう。訓読みでは「つちふる」と読み、〝空から土ぼこりが降ってくる〟

ことを表す。「雨かんむり」の下の「貍」は、「狸」と同じで、ふつうは動物の〝タヌキ〟を指す。そうだとわかると、この見慣れない、むずかしそうな漢字に一気に親しみが湧いてくるから、不思議なものだ。

「狸」「貍」は、音読みでは「リ」と読む。だから、「霾」も「リ」と音読みしてみたくなる。しかし、この場合の「貍」は〝タヌキ〟ではなく、「埋《まい》」と同じ意味なのだという。確かに、甲骨文字の「埋」と「霾」は、図のように、どちらも同じ動物に見える形を含んでいる。「霾」を音読みでは「マイ」または「バイ」と読むのは、そのせいだ。

漢字のふるさと、中国北部の黄河流域では、非常に細かくて黄色い粒からなる「黄《こう》土《ど》」が、平原を駆け抜ける強い風に捲《ま》き上げられて、しばしば砂嵐が発生する。いわゆる「黄砂《こうさ》」だ。その激しさに、空は重たい黄色に染まり、地面や人家は砂塵で「埋」め尽くされてしまう。「霾」とは、そんな激しい砂嵐を指す漢字なのである。

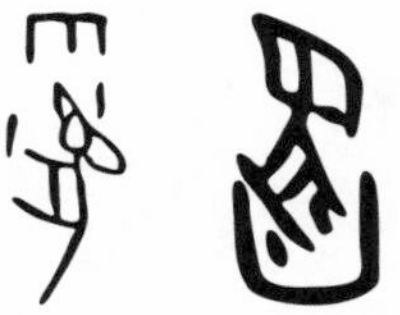
甲骨文字の「埋」（右）と「霾」（左）

その「霾」を、三好達治は、浅間山が火山灰を降らせることを表現するために使ったわけだ。だが、ここで興味深いのは、一九三二（昭和七）年一月に雑誌に発表された際には、

雨　あめ
＋
貍　リ　たぬき
（埋　マイ・バイ　うめる）
＝
霾　マイ・バイ　飛んできた砂で埋まる

この散文詩は「地異」と題されていたという事実である。

発表後しばらく、この詩は詩集には収録されなかった。初めて書籍の形になったのは、一九三九（昭和一四）年刊行の合本詩集『春の岬』でのこと。そして、このときに「霾」と改題されている。

そういう経緯からすると、三好達治は、「地異」というタイトルではこの散文詩はまだ完成されていない、と感じていたのだろう。この作品は、「霾」という漢字を得て、詩集に収録するだけのレベルに到達したのだ。

この詩にふさわしい、何か気の利いたタイトルがないものか。長年、そう考えあぐねていた詩人が最終的に「霾」に決めたのには、どういう理由があったのだろう。

もちろん、火山灰が降り注ぐようすをたった一文字で表現できることも、魅力の一つではあったろう。しかし、「ロンロンロン・ヴッハッハ」といい、「俺はしばらく退屈してゐたんだぞ！」といい、この詩は一種のブラックユーモアだ。「霾」がその字面から〝タヌキ〟を思い起こさせることも、詩人の心を惹きつけた理由だったのではあるまいか。

では、三好達治は、「霾」という漢字とどこで出会ったのだろうか。

この詩人は、漢詩に造詣が深かった。「霾」とのめぐりあいの舞台も、おそらく、漢詩の世界だったのではないかと思われる。

「霾」をよく使う漢詩人

西暦七六六年の春の暮れ。長江《ちょうこう》の中流、三峡《さんきょう》と呼ばれる峡谷地帯にある夔州《きしゅう》という町に、一人の病み衰えた老人が姿を現した。唐王朝の時代を代表する詩人、杜甫《とほ》である。彼は戦乱に巻き込まれて流浪の生活を送り、この町にまで流れ着いたのだ。

軍事上の重要拠点である夔州の町には、小高い丘の上に白帝城《はくていじょう》という要塞がそびえている。ある日、軍旗はためくその物見櫓《ものみやぐら》に登った杜甫は、はるかなる風景を見渡して、「白帝城の最高楼《さいこうろう》」という作品を作った。その詩にいう。

峡《きょう》は坼《さ》け　雲は霾《つちふ》りて　竜虎《りゅうこ》臥《ふ》し
江《こう》は清く　日抱きて　黿鼉《げんだ》遊ぶ

「鼉鼊」とはむずかしい漢字だが、「鼉」は〝スッポン〟、「鼊」は〝ワニ〟を指す。

——大地を切り裂く峡谷には土ぼこりが降りかかり、竜や虎のねぐらとなっている。太陽を映す長江の清らかな流れには、スッポンやワニが泳いでいる。

前半には竜や虎が現れ、後半にはスッポンやワニが描かれる。獰猛《どうもう》な動物たちのオンパレードには、何やら尋常ではない気配が感じられる。

実際、この詩の最後で、杜甫は血の涙を流し白髪頭を振り乱して、乱れた世を憤ってみせる。とすれば、この対句にも終わりなき戦乱に対する深い嘆きが込められている、と見ていいだろう。「鼊」も、その道具立ての一つなのである。

杜甫は、「鼊」という漢字をよく使う詩人である。

唐の時代のすべての作品を網羅することを目指して編まれた『全唐詩』という作品集には、二二〇〇余人の四万八九〇〇首余りが収録されている。その中で、「鼊」が使われている漢詩は、四一首。うち、杜甫の作品が一二首を占める。杜甫の詩は『全唐詩』全体の三%に満たないから、杜甫が「鼊」を使う率は非常に高いといえる。

しかも、一二首のうちの一〇首は、数え年五五の春に夔州にやってきて以降、さらに流浪の旅を重ねて五九歳で亡くなるまでの足かけ五年間に集中している。どうやらこの大詩人は、晩年になって、「鼊」を気に入ったようなのだ。

ただ、それらの詩の内容はというと、すべてがすべて、「白帝城の最高楼」のように悲愴なものでもない。あるときは、閑雅《かんが》な暮らしぶりをうたう詩、またあるときは、春風にのって気持ちよく船旅を続ける詩。中には、知り合いの役人に酒をねだる詩もある。

そういう詩の中でも、「霾」は情景描写として現れる。晩年の杜甫は、どうして、「霾」をくり返し自らの作品に詠み込んだのだろうか。

中国北部の乾いた黄色い大地では、しばしば砂嵐が巻き起こる。「霾」は、そんな風土にこそ似合う漢字だ。杜甫が生まれたのは黄土《こうど》高原の南端で、青春時代や壮年期を過ごしたのも、黄土が広がる地域だった。若き日の杜甫が「霾」に吹かれ悩まされたことがあったのは、間違いない。

晩年の杜甫は、故郷に帰りたい帰りたいと願いつつ、戦乱を避けて、故郷とは逆方向の南へ南へと旅を続けることを余儀なくされた。そこは温暖湿潤な地域で、詩人が実際に「霾」を目にしていたのかどうかも、疑わしいといえば疑わしい。

ついには客死するに至ってしまうまさにその時期、杜甫の詩に時折、「霾」の字が現れるのは、なつかしい故郷の大地が詩人の魂を呼んでいたからなのかもしれない。

満州に生きた俳人たち

ところで、漢詩以外にも、「霾」という漢字が比較的、よく用いられる分野がある。それは、俳句の世界である。「霾」は、「バイ」と音読みしたり、「つちふる」と訓読みしたりして、春の季語になっているのだ。春になると風にのって中国大陸から運ばれてくる、いわゆる「黄砂」を指すのである。

文芸評論家の山本健吉《けんきち》は、『基本季語五〇〇選』（講談社、一九八六年）で、季語「つちふる」を取り上げている。そして、「黄沙」「黄塵万丈《こうじんばんじょう》」「蒙古風」「霾天《ばいてん》」「霾風《ばいふう》」「つちかぜ」「つちぐもり」などともいうことを示した上で、「大正末ごろから詠まれ出した新季題」だと説明している。

「霾」はどうして、大正末ごろから俳句の世界で取り上げられるようになったのか？そのあたりの事情について、俳人の水原秋桜子《しゅうおうし》の『現代俳句歳時記』（大泉書店、一九七八年）の「黄塵」の項には、次のようにある。

「もと満州に日本人がおおぜいいたころ、彼の地で生れた季題であって、満州は春になるといわゆる『黄塵万丈』の現象を呈し、天日もそのために暗くなる、これを【つちふる】とも言った」

日露戦争の結果、ロシア帝国から権益を譲り受け、日本が南満洲鉄道株式会社を設立して満州の経営に乗り出したのは、一九〇六（明治三九）年のことだ。以後、大正年間を通じて、かの地で暮らす日本人は着実に増えていく。中には当たり前のことながら俳句をたしなむ者もいて、やがて各地に結社が設立され、句誌も発行されることになった。

一九三〇（昭和五）年の九月に、大連俳句会が発行した『満洲昭和俳句集』という本がある。この書物に収められた句の数は、満州各地に在住する約五〇〇人の三〇〇〇余句。その中の「蒙古風」の項には一〇句が掲げられているが、そのうちの六句までもが、「霾」を使った句だ。

霾風や翩《へん》翩《ぺん》として乙鳥《つばくらめ》　平凡
霾天や硯《すずり》かはきて室《へや》寒し　幽山
霾《つちふる》の宙《ちゅう》天《てん》深く真つ赤な日　窓花
霾天の入江色なく暮れにけり　黙子
霾風の吹きすさびゐて日さびし　三昧
霾《つちふる》や寄りてしづもる牧のもの　喜蜂

凍てつく冬が終わると、満州の広大な大地には砂嵐が吹き荒れる。身をもってそれを体験した俳人たちが、それを自作に詠もうと考えたのは、当然のことだろう。

そして、それを文字として書き表すときには、「霾」という漢字が好んで用いられた。彼らは、いま、「霾」の本場に来ているのだ。〝内地〟を遠く離れた詩情を書き表す文字として、これほどふさわしいものはなかったに違いない。

ブラックユーモアでもない。ノスタルジーでもない。

満州の大平原に暮らす俳人たちが使った「霾」に込められていたものは、俳句の伝統に自分たちならではのものを付け加えるのだ、という気概である。

詩人や俳人だけではなく、ぼくたちはみな、時に特別な思いを込めて、漢字を使う。漢字は、自分を選んだ者の思いを受け止めながら、用いられるたびに、異なるきらめきを見せるのである。

III 雷の章

雷は激しく鳴り、電は鋭く光る

カミナリとは音か光か？

「かみなりが鳴る」

「かみなりが光る」

どちらも、日本語として特に違和感のある文ではない。ただ、日本語の「かみなり」とは、語源的には「神鳴り」だという。雲の上で神様が太鼓を打ち鳴らしている。

——昔の日本人は、そんなふうに考えたのだろう。

自然現象としてのカミナリは、ゴロゴロと鳴る〝音〟と、ピカッと光る〝光〟とから成っている。「かみなり」の語源が「神鳴り」だということは、日本人にとってカミナリの本体は〝音〟にあったということなのだろう。

　一方、カミナリの〝光〟の方だけを表したい場合には、日本語では「いなずま」とか「いなびかり」という単語を用いる。この「いな」とは「稲」であり、カミナリが光ると稲がよく実ると考えられたことに由来するそうだ。

　では、漢字の世界では、どうだろうか。カミナリの〝音〟と〝光〟の関係は、どうなっているだろうか。

　漢字「雷」は、大昔には「靁」と書かれた。この「畾」の形は、たとえば「土塁」の「塁」の旧字体「壘」にも見ることができるし、「累積」の「累」も、古くは「纍」と書くことがあったらしい。そこで、「畾」は、「ライ」とか「ルイ」とかいう発音を表す記号である、と考えられている。

雨　あめ
＋
畾　ライ　ごろごろ？
＝
靁　ライ　かみなり
▶
雷

　と同時に、「土塁」とは〝土を積み上げたもの〟だし、「累積」とは何かが〝積み重なる〟ことをいう。ここから、「畾」には〝積み重ねる〟という意味があるのではないかと推測される。そういわれてみれば、「畾」という形そのものが、何かがゴロゴロと積み重なっているようすに見えてくるではないか！

古代文字には光が見える？

そのゴロゴロがカミナリの音につながって「靁」という漢字が生まれ、それが省略されて「雷」となった、という説もある。それが本当だとすれば、中国人にとってもカミナリの本体は〝音〟だったということになるのだが、はたしてそう考えていいものかどうか。

実際のところ、大昔の「雷」を見てみると、たとえば、紀元前一一〇〇年ごろに使われていた「金文《きんぶん》」と呼ばれる古代文字には、図のような形をしたものがある。このころはまだ「雨かんむり」が付いていないものも多いのだが、おなじみの「田」の間を走っている線は、ピカッと光る〝いなびかり〟のようにも見える。とすれば、中国人にとってのカミナリは、音と光の複合体だったのだろうか。

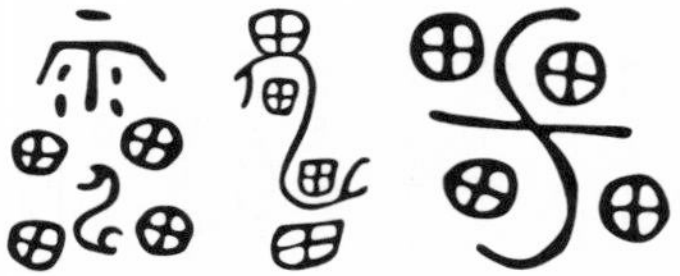

「雷」の金文の例

とはいえ、漢字「雷」を用いた熟語を見てみると、〝音〟の印象の方が圧倒的に強い。

たとえば、「万雷《ばんらい》の拍手」は、カミナリの音に着目した比喩表現。「雷名《らいめい》が轟《とどろ》く」といえば、〝名声が鳴り響いている〟こと。〝うるさい蚊の羽音〟を指す「蚊雷《ぶんらい》」という、いくらなんでもオーバーな、と言いたくなる表現まである。

「付和雷同《ふわらいどう》」という四字熟語の形で知られる「雷同」も、本来は、〝カミナリの音にあらゆるものが反応する〟ことだという。そこから、〝声の大きな人についつい同調してしまう〟ことを「雷同」というようになったらしい。

兵器の「魚雷《ぎょらい》」や「機雷《きらい》」の場合は、その破壊力を〝カミナリが落ちる〟ことにたとえたものだろう。ただ、魚雷や機雷を爆発させる装置「雷管《らいかん》」は、英語ではblasting capとかdetonatorなどという。blastもdetonateも〝爆発する〟という意味で、カミナリとは関係がない。

とすれば、「魚雷」「機雷」「雷管」という名前は、漢字文化圏ならではのもの。もし耳をつんざく爆発音がしなければ、こんな名前にはならなかったのではないだろうか。

もちろん、〝カミナリの光〟を意味する「雷光《らいこう》」という熟語も、ないわけではない。しかし、漢字「雷」を用いた熟語には〝音〟にまつわるものが多い。漢字を生み出した人びとにとっても、やはり、カミナリの本体は〝音〟だったように思われる。

では、日本語の「いなずま」「いなびかり」と同じように、〝カミナリの光〟を特に表す漢字はないのだろうか？

「電気」はいかに誕生したか？

〝光〟に焦点を当ててカミナリを表す漢字はというと、それは「電」である。「電光石火」とは、〝目にもとまらぬすばやい行動〟のたとえ。「電撃的なニュース」といえば、〝突然の衝撃的なニュース〟のこと。「紫電《しでん》」とは、刀と刀がぶつかり合った瞬間に飛び散るような、〝紫色の火花〟を指す。

つまり、「電」には〝瞬間的〟というイメージがあるのだ。耳をつんざく大きな〝音〟を表す「雷」に対して、「電」は、一瞬のうちに強烈な輝きを放つ〝光〟を指しているのである。

「電」の金文（右）と
「申」の甲骨文字（左）

実際、金文の「電」は、図のような形をしている。「雨かんむり」の下に見えるのは、先ほど取り上げた「雷」の金文にも含まれていた形で、これを単独で取り出すと、楷書では「申」となる。言うまでもなく「もうす」と訓読みする漢字だが、「神」の右半分にもなっているところから、本来は〝い

雨　あめ
＋
申　本来のいなびかり
＝
電　いなびかり

なびかり〟を表す漢字だったと考えられている。そのことは、甲骨文字の「申」を見ると、何となく理解できるだろう。「もうす」と訓読みするのは、意味がかなり変化した結果なのだ。

　ただ、ぼくたちにとって、「電」といえば「電気」だろう。しかし、漢字「電」のそのような使い方は、けっして古いものではない。

一七五二年の夏、アメリカのベンジャミン・フランクリンが、カミナリの日に息子と一緒に凧揚げをするという、現在のテレビならば「絶対にマネしないでください！」というテロップなしには放送できないような、とんでもなく危険な実験をして、カミナリは電気であることを証明した。英語electricityに相当することばとして「電」を用いるようになったのは、この科学的事実が西洋から伝わって以降のことである。

　ここでちょっと気になるのは、どうして「電」が選ばれたのか、ということだ。雲の中に蓄えられたelectricityというエネルギーが、鋭い〝光〟として現れると〝いなずま〟〝いなびかり〟となり、漢字で書き表すと「電」となる。だから、electricityの訳語として、「電」のもとになるエネルギーという意味で「電気」が採用されたわけだ。

しかし、同じエネルギーが大きな〝音〟として現れるとカミナリとなり、漢字では「雷」と書き表す。とすれば、electricityのことを、「雷」のもとという意味で「雷気」と呼んでもよかったのではないか？　カミナリの本体は〝音〟つまり「雷」だと考えられていたのだから、その方がよほどふさわしい訳語だったのではなかろうか？

スーパースターの大実験

electricityを表す漢字として「電」が選ばれた理由は、おそらく、ベンジャミン・フランクリンの実験そのものにあったのだろう。

子どものころに読んだ科学の本には、この実験が挿し絵入りで紹介されていた。手前にフランクリンと息子がいて、その手元から紐が伸び、凧が空高く揚がっている。そして、その向こうに描かれているのは、〝いなずま〟だ。

そのエネルギーが凧に伝わって、はじめて、カミナリはelectricityであるとわかったのだ。だとすれば、electricityの訳語が「雷気」ではなく「電気」となるのは、当然のなりゆきだったろう。

この瞬間、「電」という漢字の運命は、大きく変転することになった。

カミナリの世界に住んでいる限り、「電」は「雷」の後塵を拝し続けるしかなかった。そのことは、「雷神《らいじん》」「雷公《らいこう》」ということばはあっても「電神」「電公」ということばはないことに、端的に表れている。カミナリの本体を指すのは、あくまで、〝音〟を表す「雷」なのだ。

しかし、electricityの訳語として使われるようになったことにより、「電」の活躍の場は飛躍的に増大した。「電池」「電球」「電灯」「電信」「電話」「電報」「電車」「電動」「電熱」「発電」「蓄電」「漏電」「停電」……。無限とも思える熟語たちが、次々と生み出されていった。それまで、ともすれば「雷」の陰に隠れがちな存在だった「電」は、近代文明を象徴する漢字へと、大躍進を遂げたのだ。

一方の「雷」はといえば、相も

昔の10ドル札に印刷されていた
フランクリンの実験の版画

変わらず、カミナリの世界からはほとんど外に出ることなく、〝大きな音〟を表し続けている。

ベンジャミン・フランクリンの実験が有名なのは、なぜか。大胆さやわかりやすさも、もちろんその理由だろう。

しかし、彼は単なる科学者ではなく、一介の印刷工から身を起こして、ついには印刷業で大成功を収めたアメリカン・ドリームの体現者でもあり、アメリカ独立宣言の起草にかかわった、偉大な政治家でもある。彼の肖像は、現在でもアメリカの一〇〇ドル札に描かれているし、『フランクリン自伝』は名著として、世界中で愛読され続けている。

ベンジャミン・フランクリンは、アメリカの歴史を代表するスーパースターなのだ。その彼が行ったのでなければ、凧揚げの実験はこれほどに有名にはならなかったにちがいない。もし、単なる科学者がこの実験をしていたら、electricityとカミナリはそれほど強く結びつかず、結果として、electricityの訳語として「電」以外の漢字が選ばれていたかもしれない……。

漢字にも、一文字ごとに異なる運命がある。「雷」と「電」の運命は、ベンジャミン・フランクリンの実験を機に、大きく分かれていったのである。

大地が震えるそのわけは？

失われた歴史書

紀元前の中国のできごとを年代順に記録した、『竹書紀年《ちくしょきねん》』という歴史書がある。その中の夏《か》王朝の時代、帝発《ていはつ》という王の治世の記事に、次のような一節がある。

七年、陟《ちょく》す。泰山震《たいざんしん》す。

「陟」とは、〝のぼる〟という意味の漢字で、ここでは〝天に昇る〟こと。帝発は即位七年にして、亡くなったのだ。そのとき、現在の山東省にそびえ立つ泰山という霊山が、「震」したという。

中国の学者の中には、これを紀元前一八三一年のことだとして、最古の地震の記録だと主張する人もいるらしい。ただ、夏という王朝自体が、いつごろ、どこに存在していたのか、研究者の間でもまだ定説があるとはいえない状況だ。それに、この記述を含む『竹書紀年』という書物も、実は後世の偽作である可能性が高いのだ。

『竹書紀年』は、紀元前五〜前三世紀に中国に存在していた、魏《ぎ》という国で作られた歴史書である。しかし、この国は、紀元前二二五年、秦《しん》という国に滅ぼされてしまう。滅ぼした側の秦は、その四年後に中国全土の統一を果たして、王朝を開く。その初代の皇帝が、有名な始皇帝《しこうてい》である。

始皇帝は、帝国の統一を維持するため、厳しい思想統制を行った。滅ぼした国の歴史書には、秦の悪口が書いてあるかもしれない。そこで、それらを全部、燃やしてしまったのだ。いわゆる「焚書坑儒《ふんしょこうじゅ》」として知られる政策の一環である。

このとき、『竹書紀年』もいったん失われてしまった。ところが、紀元後の三世紀になって、かつての魏国の王墓の中から、この書物が見つかったのだ。かくして『竹書紀年』は復活したのだが、よくよく運が悪いのか、その後の歴史の動乱の中で、一〇世紀ごろにはまたもや散逸してしまったのだった。

時は流れて、一六世紀。『竹書紀年』と称する本が、どこからともなく現れた。先ほど紹介した文が含まれているのは、この本だ。が、六〇〇年近くも見つからなかった本が出てくるなんて、いかにもあやしい。偽書だと疑われるのも、やむをえないだろう。

『竹書紀年』にとって救いなのは、この本は資料的な価値が高く、昔からさまざまな書物に引用されていたことだ。そこで、それらの断片を集めて、本物の『竹書紀年』を復元する研究がされている。だが、帝発の即位七年の「泰山震す」は、どの文献にも引用されてはいないようだ。

とはいえ、何らかの発見がなされて、一発逆転、この記述が史実であると証明されることがないとは限らない。しかし、仮にそうなったとしても、これが最古の地震の記録であるとは、言い切れない。なぜなら、この「震」という漢字、「地震」を指しているとは限らないからである。

二枚貝が足を出す

「震」は、訓読みでは「ふるえる」と読む。だから、その意味はと聞かれれば、だれだって〝ふるえる〟ことだとか、〝小刻みに揺れ動く〟ことだとかと答えるだろう。

実際、「震」と同様に「辰」を含む漢字には、〝揺れ動く〟という意味を含むものが多い。「振動」とは、〝細かく動く〟ことだ。ぼくには実体験はないが、「妊娠」しているときには、胎児が子宮の中で〝細かく動く〟ことがあるそうだ。「にぎわう」と訓読みする「賑」は、もともとは〝いろいろと商品が動く〟ことだと説明できる。「唇」だって、話すときや食べるときに〝細かく動く〟ではないか。

「辰」は、紀元前一三〇〇年ごろに使われていた「甲骨文字《こうこつもじ》」では、図のような形をしている。漢字学者によれば、これは〝二枚貝が足を出している〟形だという。二枚貝は、足を細かく揺れ動かす。それで、「辰」に〝揺れ動く〟という意味があるのだ、と説明するのである。

以上からすれば、「震」に〝小刻みに揺れ動く〟という意味があることには、何の問題もない。しかし、この漢字には、少し異なる別の意味もある。

たとえば、「世間を震撼《しんかん》させた大事件」では、〝ひどくびっくりさせ、怖がらせる〟という意味。「震天駭地《しんてんがいち》」とは、〝世界中をびっくりさせ、怖がらせる〟こと。つまり、「震」には、〝驚かせる〟とか〝怖がらせる〟という意味もあるのである。

それは「地震」に由来する意味なのだろう、と思われるかも

甲骨文字の「辰」

しれない。しかし、ことはそう単純ではない。

天の怒りが悪者を撃つ

紀元前一世紀の初めごろに司馬遷《しばせん》が著した歴史書、『史記《しき》』の「殷本紀《いんほんぎ》」という巻に、次のような話がある。

殷王朝の後期というから、紀元前一二世紀ごろのこと。武乙《ぶいつ》という暴君がいた。彼は「天神」と名づけた人形を作り、それを相手にバクチをし、勝ったと言っては天神を侮辱していた。もちろん、実際には臣下がお相手をするのだから、あきれた話である。

また、血を入れた革袋を高いところに吊し、これを弓で射ては、「天を仕留めた」とはしゃいでいた。こんな天をも怖れぬ所業が、許されるはずはない。

武乙、河渭《かい》の間《かん》に猟す。暴雷《ぼうらい》あり。武乙、震死《しんし》す。

「河渭」とは、〝黄河〟とその支流〝渭水《いすい》〟のこと。二つの川が流れるあたりに狩りに出たときに、突然、雷が落ち、武乙はそれに当たって死んだのである。

これは特殊な例ではない。中国古代の魯《ろ》という国の歴史を記した歴史書、『春秋』

の紀元前六四五年の条には、次のような記事がある。

夷伯《いはく》の廟《びょう》に震《しん》す。

「夷伯」とは、魯国の名家、展《てん》氏の祖先。その霊をまつる建物に〝カミナリ〟が落ちたのは、当時、展氏の一家には人には知られぬ悪行があったからだと、『春秋』に注釈を付ける形で作られた歴史書、『春秋左氏伝《さしでん》』では述べている。

そう、「震」とは、もともとは〝カミナリが落ちる〟ことを意味する漢字なのだ。カミナリは、多くの場合雨を伴い、そうでなくても雲から落ちてくる。「震」という漢字に「雨かんむり」が付いているのは、そのためなのである。

雨　あめ
＋
辰　揺れ動く
＝
震　カミナリが当たって揺れ動く

ただ、『史記』や『春秋』には、「地震」という熟語も何度も登場する。つまり、当時から、「震」は現在と同じ意味でも用いられていたのだ。それは、カミナリが当たったときの衝撃から、意味が転化していったものなのだろう。だとすれば、「震」が持つ〝驚かせる〟〝怖がらせる〟という意味も、元はといえば、カミナリが落ちたときの〝驚き〟

であり〝恐怖〟なのだと考えた方がよさそうだ。

というわけで、『竹書紀年』の「泰山震す」が歴史的な事実を伝える記述だったとしても、それが地震の最古の記録だという保証はない。〝泰山にカミナリが落ちた〟という意味かもしれないのである。

予言どおりにカミナリが!

現在では、「震」という漢字を見てすぐさま〝カミナリ〟を思い出す人は、中国であれ日本であれ、少ないことだろう。ただ、漢文を読んでいると、〝カミナリが落ちる〟ことを意味する「震」に、ときどき出会うことがある。

最後に、その中でも印象深いものを一つ、ご紹介しておこう。紀元後の五世紀に書かれた、著名人たちのエピソード集、『世説新語《せせつしんご》』に載っている話である。

主人公は、三~四世紀に活躍した、郭璞《かくはく》という異能の学者。彼は、さまざまな古典に通じていただけではなく、「易《えき》」の占術を操る占い師でもあった。

時の権力者、王導《おうどう》が、その郭璞に占いをさせたことがあった。占いを終えた郭璞は、沈痛な面持ちで、王導さまには「震」の厄がありますぞ、と言う。それを取り除く方法はないものか、と尋ねられた郭璞は、次のように答えた。

「西の方に数里行ったところに、柏の木があります。それを、王導さまの背丈と同じ長さに切り取って、いつもの寝床に置いておいてください」

王導は、郭璞の言う通りにした。すると……

数日中、果たして柏に震し、粉砕す。

落雷によって粉々になった柏の木を前にして、人びとは、郭璞の才能に称賛を惜しまなかったという。

霹靂という名のハイテク・カー

騎士が変じて遊侠となる

『ナイトライダー』というアメリカの特撮ドラマを、ご存じだろうか？

原題は、Knight Rider。主人公の私立探偵、マイケル・ナイトは、〝巨大な悪に立ち向かう現代の騎士〟という設定。そんな彼の〝相棒〟となるのが、最先端の科学技術による数々の特殊機能を備え、人間と会話もできる人工知能をも搭載したハイテク・カー（ドラマでは「ドリーム・カー」と呼ばれていた）、「ナイト2000」である。

この車、黒一色のスポーティなフォルムがカッコいいのはもちろん、搭載されている人工知能が、なんとも人間臭い。主人公、マイケルとのウィットに富んだ会話が人気を呼び、ドラマは大ヒット。マイケル役のデビッド・ハッセルホフは一躍、スターの仲間入りを果たしている。

日本での放送は、主に一九八七年。当時、大学生だったぼくは、とりたててファンというわけではなかったが、それでも、放映の時間帯にテレビがついていれば、なんとなくチャンネルを合わせて眺めていたものだ。そして、当時はとても新鮮に聞こえた、シンセサイザーによるオープニング・テーマを、今でも口ずさむことができる。

あれから三〇年。最近になって、ぼくはこのドラマについて、意外な発見をした。ネット・サーフィンをしていたとき、ひょんな偶然から、中国語版のタイトルが『霹《ピー》靂遊俠《リーヨウシア》』であることを知ったのである。

原題がKnight Riderなのに、「騎士」ではなく「遊俠《ゆうきょう》」なのに、まず驚く。「遊俠」とは、日本でいえば清水の次郎長《じろちょう》一家のような、お堅く表現すれば〝官憲とは別の次元で、社会の秩序を維持しようとする人びと〟のこと。マイケルは私立探偵とはいうものの一匹狼ではなく、「ナイト財団」という組織の総帥だ。だから、そういうイメージになるのだろうか。

だが、さらにびっくりするのは、「霹靂《へきれき》」の方だ。このことばは、「青天の霹靂」という使い方があるように、〝カミナリ〟を指す。中国語版では、ハイテク・カーのナイト2000のことを「霹靂車《ピーリーチャー》」と呼んでいるらしいのだ。

でも、この車は、爆音を上げて走ったりなどしない。搭載されている「キット」と呼ばれる人工知能だって、いつだって冷静。ていねいなことば遣いで話し、ガミガミどなったりなどするはずもない。至って〝育ちのよい〟車なのだ。

最先端の科学技術による数々の特殊機能を備え、人工知能まで搭載したハイテク・カー。それを「霹靂車」と呼ぶ発想は、いったい、どこから来たのだろう？

――そう首をひねっているうちに、ぼくは、あることを思い出した。そう、中国には、はるか昔にも、「霹靂車」と呼ばれた車が、存在していたのである。

三国時代の秘密兵器

二世紀の終わりごろのこと。それまで中国を統一していた後漢《ごかん》王朝の衰退は著しく、各地に豪族たちが乱立する状態になっていた。その中から頭角を現したのが、名門出身の袁紹《えんしょう》と、実力でのし上がってきた曹操《そうそう》である。紀元二〇〇年、両雄は、現在の河南省内で、黄河をはさんで対決することになった。

数で勝る袁紹軍は、先に黄河を渡って攻め込み、曹操軍を官渡《かんと》という城に追い込んだ。城壁を盾に防戦する曹操軍に対して、袁紹軍は櫓《やぐら》を組み、その上から城壁内へと矢を射かける作戦にでた。雨のごとく降り注ぐ矢が、曹操軍の兵士たちを苦しめていく。

絶体絶命の大ピンチ！　と思われたそのとき、知略にたけた曹操は、どこからともなく投石機のついた車を持ち出してきて、袁紹軍の櫓に石を撃ち当て、次々に破壊してしまった。袁紹軍は、その威力に感嘆し、その車を「霹靂車」と呼んだという。

持久戦となった官渡の戦いは、最終的には曹操の勝利に終わる。ライバルを倒した彼は、これをきっかけに中国北部の支配権を手中に収め、歴史の主人公の座へ躍り出ることになるのだった。

以上は、中国の正式な歴史書、『後漢書』や『三国志』にきちんと記録されている話である。投石機から放たれた石は、大きな音を立ててぶち当たり、櫓を破壊してしまう。「霹靂車」とは、その轟音《ごうおん》と破壊力を〝カミナリ〟にたとえたものだろう。袁紹軍がいかに恐怖を感じたかが、よく伝わってくるネーミングである。

機械仕掛けの投石機は大昔から存在するから、その登場にさほど驚くことはない。しかし、このエピソードは後世の人の想像力を刺激したと見える。一三〜一四世紀ごろになって、実際の歴史をイマジネーション豊かにふくらませて語られた『三国志演義』では、話は次のようになっている。

――自軍が大混乱に陥ったのを見た曹操は、参謀たちに何かいい作戦はないかと尋ねた。そこで進み出たのが、劉曄《りゅうよう》という男。彼が書いた設計図に従って、数百台もの「霹靂車」が夜を徹して製作され、大戦果をあげたことになっている。

『絵本通俗三国志』に描かれた「霹靂車」

設計図が出てくるあたり、いかにも〝新発明の秘密兵器〟といった雰囲気だ。

そのイメージは、日本で江戸時代に出版された『絵本通俗三国志』でも、受け継がれている。図は、同書で描かれた「霹靂車」。轟音が聞こえてきそうな迫力だ。これはもう、圧倒的な破壊力を備えた〝新発明の秘密兵器〃そのものだろう。

「霹靂車」にそういったイメージがあるのであれば、アメリカの特撮ドラマで活躍するハイテク・カーが「霹靂車」と呼ばれても、不思議はないのである。

耳を刺激する漢字

先にも述べた通り、「霹靂」とは、〃カミナリ〃のことだ。では「雷」とはどうちがうかというと、「霹靂」は〃激しく鳴る雷〃を指すのだと、辞書にはある。

あめ
雨＋歴＝靂
バキッ
ガリッ
雨＋辟＝霹
カミナリの音を表す擬音語

「霹靂」は、もともとは「辟歴」とも書いた。「歴」は「歴」の旧字体だが、この熟語が〃歴史〃と意味の上で関係があるわけではない。〃カミナリ〃が落ちるときのあの音を、昔の中国の人びとは、たとえば「バキッ」とか「ガリッ」というふうに聞いた。その音を、「辟《ヘキ》」と「歴《レキ》」を用いて当て字的に表したのだろう。

「霹靂」とは、元をたどればいわゆる擬音語なのだ。だから、「霹」「靂」を分けて別々に使うことは、基本的にはありえない。どちらも、音を表しているだけで、きちんとした意味を持つ漢字ではないからである。

「霹靂」ということばは、中国人の耳に、〝カミナリ〟の音を直接、鳴り響かせる。だから、〝激しく鳴る雷〟という意味になる。それは「霹靂車」でも同様だ。鳴り響く轟音と、それに象徴されるすさまじい破壊力が、やがて〝新発明の秘密兵器〟というイメージを育てていったのだろう。

以上のように、「霹靂」は〝轟音〟と強く結びついている。ただ、この熟語については、実はもう一つ、気になる要素があるのだ。

黄色い犬を連れた男

一〇世紀、北宋《ほくそう》王朝の時代の学者、徐鉉《じょげん》が著したといわれる『稽神録《けいしんろく》』という本に、こんな話がある。

——ある年の夏、范可保《はんかほ》という男がある寺に滞在していたときのこと。裏山を登っていくと、汚らしい格好をした男が向こうからやってきた。きれい好きの范は、内心、洗ったばかりの自分の服が汚れるとイヤだなと思ったが、相手は遠慮もなく、すぐそばを通り抜けていく。

そのとき、男が連れた黄色い犬が、范の体にぶつかった。ムッとする范。その気配を察したのか、その男は振り向いて、にらみ返してきた。

その瞬間、男の目が稲妻のごとく光った。恐怖に立ちすくむ范……。山を下りてから彼がその話をすると、こう言われたという。

向《さき》に、山上にて霹靂、竜を取る。之《これ》を知らざるか。

——さっき、山の上で「霹靂」が竜をつかまえていたんだ。知らなかったのか。

以上はおそろしいカミナリの話だが、別の本には、こんな猛者も登場する。

晋《しん》王朝の時代だというから、四世紀ごろのこと。楊道和《ようどうわ》という男が、やはり夏、田んぼで農作業をしているときに雨にあい、桑の木の下で雨宿りをした。すると、

霹靂、下《くだ》りて之《これ》を撃つ。

そこへ「霹靂」が落ちてきたというのだ！

ところが、驚くなかれ、この楊道和、感電死するかと思いきや、さにあらず。手にした鋤《すき》で「霹靂」に応戦、その脚をへし折ってしまったのだ。

動けなくなった「霹靂」をよく見ると、唇は赤く、眼は鏡のようにキラリと光り、

体全体は家畜と変わりはなかったが、毛の生えた角が三寸ばかり突き出た頭は、サルのようだった。——と四世紀の学者、干宝《かんぽう》の著書『捜神記《そうしんき》』は伝えている。

こういう物語を読むと、単なる〝轟音〟ではない「霹靂」の姿が立ち現れてくる。人間のようであれ動物のようであれ、生きものとしての実体を備えた姿が。それは、「霹靂」は、ときには〝カミナリ〟を神格化したものを指す、ということを示してはいまいか。

人工知能を搭載した無敵のハイテク・カーが「霹靂車」と呼ばれるのには、「霹靂」の持つそんなイメージも、関係しているのかもしれない。

Ⅳ 雪の章

すべてを雪に流しましょう

あの屈辱を忘れるな！

紀元前四九四年のことである。現在の浙江省《せっこうしょう》紹興市《しょうこうし》にある会稽山《かいけいざん》の山中で、越《えつ》という国の王、勾践《こうせん》は、死の覚悟を固めつつあった。

今回の戦いを引き起こしたのは、勾践自身であった。隣国の呉《ご》は、父の代からの宿敵。その呉が戦いの準備に余念がないという情報を得て、家臣の制止も聞かずに先制攻撃を仕掛けたのである。

ところが、結果は惨敗。勾践は五〇〇〇の残兵とともに、会稽山に追い詰められてしまった。降伏を申し出たものの、呉王は受け入れてくれない。もはや、妻子を殺し宝器を焼き捨て、最後の突撃を行って死に花を咲かせるしかないかと思われた。

しかし、勾践に仕える大臣は、まだ諦めてはいなかった。呉王の信頼する側近が欲深い性格だと知るや、美女や財宝を贈って籠絡《ろうらく》し、うまく口添えさせて、越王の降伏を呉王に認めさせることに成功したのである。

なんとか命をつないだ勾践だったが、心に負った傷は深かった。許されて帰国した後、彼は寝起きをするときも食事をするときも、ことあるごとに胆《きも》をなめ続けた。そして、その苦みをじっとかみしめながら、自らにこう言い聞かせるのである。

——お前は会稽の恥を忘れてはいないだろうな？

いつか必ず、呉王に報復してやる。強烈な意志の下に、彼は国政に励んだ。越の国力が年を追って充実していくのに対して、勝利におごった呉は、次第に政治のたがが緩んでいく。そうして、両国の力関係は逆転するに至った。

紀元前四七三年、勾践はついに呉を滅ぼすことに成功する。会稽の恥から、実に二一年後のことであった。

君主たちは恥を雪ぐ

司馬遷の『史記』に収められて名高い以上の物語から、「会稽の恥を雪《すす》ぐ」という故事成語が生まれた。こっぴどくやっつけられた相手に報復を遂げることや、手痛い失敗で着せられた汚名をきれいさっぱり取り除くことをいう。

この故事成語では、「雪」を「すすぐ」と訓読みしている。日常的にはあまり目にしない訓読みだ。しかし、現代の日本語にも「雪辱《せつじょく》」という熟語があるように、この漢字を〝恥をすすぐ〟という意味で用いるのは、特殊な使い方ではない。

『史記』でも、ほかにも例がある。

たとえば、紀元前六二七年、秦《しん》という国の繆公《ぼくこう》が、やはり家臣の諫めを聴かずに戦いを起こして大敗したことがあった。このとき、繆公は、自らの過ちを詫びた上で、家臣たちに次のように呼びかけた。

其《そ》れ心を悉《つ》くして恥を雪《すす》げ。怠ること毋《な》かれ。

また、紀元前四世紀の終わり、燕《えん》国は、暴政によって混乱したところを隣国から攻め込まれ、滅亡寸前にまで追い詰められた。この危機に、父王の後をついで位についた昭王《しょうおう》は、次のように宣言した。

誠に賢士《けんし》を得て以《もっ》て国を共にし、以て先王の恥を雪《すす》ぐは、孤《こ》の願いなり。

「孤」とは、王の自称。有能な人材を集めて国政に励み、父王の失態による不名誉をぬぐい去ること。それが自分の願いだ、というのである。

「雪」は、古くは「雨かんむり」の下に「彗《すい》」と書いた。「彗星」とは〝ほうき星〟のことで、つまり「彗」は〝ほうき〟を意味する漢字である。とすれば、「雪」に何かを〝取り除いてきれいにする〟という意味があるのも、納得できる。ちなみに、紀元前一三〇〇年ごろに使われていた「甲骨文字《こうこつもじ》」では、「雪」は図のような形をしている。ここに見られる二本の鳥の羽根のような形が、やがて「彗」の上半分へと変化していったのだろう。

ただ、多くの人にとって、そんな字源的な解説は不要だろう。

天から降り注ぐ雪は、見渡す限りを埋め尽くして、白銀の世界へと変えてしまう。その美しさをイメージするだけで、「恥を雪ぐ」という表現は鮮烈な印象を伴って、我々の胸にしみいってくるのだから。

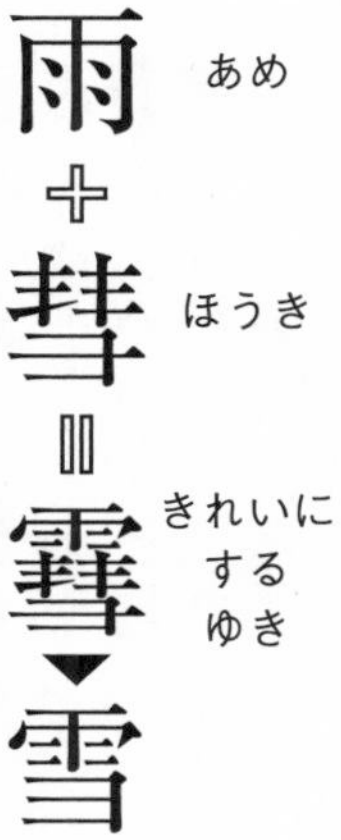

「雪」の甲骨文字

学者じゃなくて、酒飲みだ！

だが、「雪」が「恥」以外のものをきれいにすることは、あるのだろうか？

そこで、「恥」以外のものをきれいにする「雪」を求めて、『史記』の中を探険してみた。すると、一つだけ、用例が見つかった。

戦乱の世を統一して漢王朝を開いた劉邦《りゅうほう》は、儒学者が嫌いであった。礼儀作法にうるさく、理屈ばかりこねくり回すのが、いかにも迂遠《うえん》で役立たずに感じられたのだ。

紀元前二〇八年、そんな劉邦が、まだ沛公《はいこう》、つまり〝沛という町の領主〟と呼ばれる群雄たちの一人にすぎなかったころのこと、行軍の途中に、面会を申し込んできた男がいた。差し出された名刺を見ると、高陽《こうよう》という町に住む酈食其《れきいき》という人物だという。

儒学者の正装の例。12世紀に作られた『新定三礼図』より。

取り次ぎの者によれば、儒学者の着る服を着た、いかにも儒学者らしい人物だとのこと。ちょうど行軍の疲れに足を洗っていたところだった劉邦は、即座に面会を断った。

ところが、酈食其という男、それだけで引き下がりはしなかった。激怒して目をつり上げ、剣に手をかけ、取り次ぎの者をどなりつけて言うには、

——戻って沛公に申し上げろ！　俺は高陽の酒飲みで、儒学者なんかじゃない。

その剣幕に驚いた取り次ぎの者は、慌てふためいて劉邦に報告に走る。儒学者風の男が、突然、酒飲みだと言って暴れだしたのだ。劉邦は、その人物に興味を引かれた。どうやら、これは、自分を売り込むための酈食其の作戦だったようである。

沛公、遽《にわ》かに足を雪《すす》ぎ矛《ほこ》を杖《つえ》つきて曰《い》わく、客を延《ひ》きて入《い》れ、と。

急いで足をすすぎ、矛を杖がわりにして立ち上がり、酈食其を招き入れたのである。以後、酈食其は劉邦の下で弁舌の士として活躍し、漢王朝の創建に大きな役割を果たすことになる。

この場面、実は『史記』では二通りの話が伝えられている。もう一つの話では、劉邦は二人の女性に足を洗わせていて、そのままで酈食其とのやりとりが始まることになっている。農民出身で皇帝にまで昇り詰めた劉邦らしい、野性味あふれる態度だ。

それに比べると、足をきれいに洗ってから立ち上がって客人を迎える方の劉邦は、都会的とまでは言わないが、やや洗練された雰囲気がある。ここの「足を雪ぐ」から

は、客人に会うために足をきれいに洗ってさっぱりする、というニュアンスを感じ取ってみたい気がする。

マナーを知らない孔子

「雪」が何かモノをきれいにする例としては、紀元前三世紀にまとめられた『韓非子《かんぴし》』という本に収録された、次のような話もある。

儒教の祖として有名な孔子が、仕えていた魯《ろ》国の君主から、桃と黍《きび》を頂戴したことがあった。その場で「どうぞ」と言われた孔子は、まず黍を食べ、それから桃を口にした。すると、居合わせた家臣たちから失笑が漏れた。

魯の君主が言うには、こうである。

黍は、之《これ》を飯《く》らうに非《あら》ざるなり。以《もっ》て桃を雪《すす》ぐなり。

黍は食べるためのものではなく、桃をきれいにするために使うのだ、と。現在にたとえれば、孔子がしたことは、フィンガーボウルの水を飲んでしまったようなものだろうか。

ただ、孔子はマナーを知らぬような人間ではない。これは、わざとやったことなのだ。彼に言わせれば、黍は上等の穀物なのに対して、桃は下等な果物だという。

君子は賤《いや》しきを以《もっ》て貴《とうと》きを雪《すす》ぐ。貴きを以て賤しきを雪ぐを聞かず。

――下等なものを使って上等なものをきれいにするのが、理にかなった行いです。その逆を行うというのは、聞いたことがございません。

そう言って、上下関係の乱れた当時の魯国の風潮を痛烈に批判したのである。

この話、黍を使って桃をきれいにするというのが、どうにも理解しにくい。孔子がそのまま食べてしまうところからすれば黍は炊いてあったのだろうから、なおさらだ。実際に物理的な汚れを取り除くのではなく、何か宗教的な意味合いで、黍を使って食べ物を清めるような風習でもあったのだろうか。そう考えると、「雪」という漢字の持つ清浄なイメージが効いてくるように感じられる。

漢字「雪」は、心に長年、わだかまっていた恥をすすぐのに使われることもある。一日の疲れがたまった足をきれいに洗うのに用いられることもある。そして、食べ物を清める場面に現れることもある。

どうやら、「雪」がきれいにするのは、物理的なものというよりも、精神的なもののようだ。

この世のすべてを、白銀一色へと変えてしまう雪。その魔法は、人の心にこそ、より強くはたらきかけるのである。

歴史の雹と文学の霰

「ミリ」よりもずっと前から

「雹《ひょう》」と「霰《あられ》」は、どう違うのか？

この疑問を解決するのは、たやすい。百科事典を調べてみると、大きさによって区別する、と書いてある。直径五ミリ以上のものを「雹」といい、それ未満のものを「霰」と呼ぶのだ。

ただ、漢字という観点から考えると、事はそう簡単ではない。「雹」も「霰」も、紀元前の昔から使われている、由緒正しい漢字だ。そのはるかな歴史からすれば、「ミリ」などという西洋の単位は、つい最近になって生じた若造でしかない。

漢字としての「雹」と「霰」は、そもそもはどのように違うのだろうか？「雹」に含まれる「包」は、〝包まれた状態〟つまり〝粒〟となって落ちてくることを表し、「霰」の構成要素になっている「散」は、地面に当たってパラパラと〝散らばる〟ことを表しているのだろう。しかし、それだけでは本質的な違いはわからない。

古い時代の漢字の意味について知りたいときには、何はともあれ、まずは『説文解字《せつもんかいじ》』を参照する。紀元後一世紀の終わりごろに書かれたこの辞書には、約一万字の漢字について、成り立ちとともに意味が記されている。もっと古い漢字の辞書もないわけではないが、ある程度網羅的で、体系的に作られた辞書としては、『説文解字』が最も古い。

そこでこの辞書を調べてみると、「霰」のところには、「稷雪《しょくせつ》なり」と書いてある。「稷」とは、〝粟粒〟のこと。昨今、雑穀米に入っている粟の粒は、米粒よりもずっと小さくて、せいぜい直径一ミリぐらいがいいところではなかろうか。また、「粟粒のように小さい」という表現もある。だから、「稷雪」つまり〝粟粒のような雪〟というのは、粒はかなり小さいけれどコロコ

雨　あめ
＋
散　コロコロ 散らばる
＝
霰　あられ

雨 あめ
＋
包 包まれた粒
＝
雹 ひょう

ロしている雪を指しているのだろう。

一方の「雹」については、「雨氷《うひょう》なり」とある。この「雨」は、〝空から降ってくる〟という意味の動詞。「雹」とは〝空から降ってくる氷〟のことだ、というのである。我々の知っている雹と大差ないと想像されるが、その大きさについての言及はない。


その大きさは四〇センチ！


中国の歴史書をひもとくと、雹に関する記録は、ずいぶんと昔からある。中でもおそらく最も古いのは、『春秋』という歴史書に出て来るもので、紀元前六三一年の「秋、大いに雹雨《ふ》る」という記事である。

ただ、大きさが具体的にわかる記録となると、『史記』の「孝景本紀《こうけいほんぎ》」に載せる紀元前一五五年の記事まで待たなくてはならない。『史記』のこの部分は、司馬遷自身が書いたものではなく、後世の学者の補筆だ、と言われている。が、その学者も何らかの資料に拠って書いたと思われるので、ここでは、筆者の問題は不問にしてよかろう。

『史記』によれば、この年の秋、現在の湖南《こなん》省にそびえる衡山《こうざん》という山に、雹が降ったという。そして、「大きさは五寸、深さは二尺」とある。当時の中国での一寸は二・二〜二・三センチ、一尺はその一〇倍だから、大きさは一一センチくらいで、深さは四五センチほど積もったことになる。

なかなか激しい降雹だったようだが、これくらいは序の口らしい。六年後、紀元前一四九年に降った雹は、「大きさは尺八寸」とあるから、一尺八寸＝約四〇センチくらいもあったというのだ。にわかには信じがたいが、日本でもカボチャくらいの大きさの雹が降ったことがあるらしいから、眉唾《まゆつば》ものというわけでもなさそうだ。

広大な中国のことだ。雹なんて、毎年、あちこちで降っていることだろう。それがこうやって特別に記録されているということは、尋常ではない大きさ、尋常ではない量だったからなのだろう。

だが、大きいから記録に残すというのは、実は近代的な発想だ。先に挙げた紀元前一五五年の雹の記事の前後を読むと、そのことがよくわかる。

直前の八月には、彗星が東北の空に現れている。雹が降った後は、火星が逆行して天の北極に居座り、木星までもが逆行している。惑星が見かけの上で逆行するのは、現在ではごくふつうの天文現象として科学的に説明されているが、当時は、天変地異だと考えられていた。

翌年の正月には、西の空に彗星が出現。続いて「天火《てんか》」が宮殿を焼いたと書いてあるのは、雷でも落ちたのだろう。

こうやって、天変地異の記事が続いたあとに、皇族たちによる大反乱が勃発して、漢王朝の屋台骨を揺るがすことになる。史上に有名な、「呉楚七国《ごそしちこく》の乱」である。

つまり、天変地異のオンパレードは世の中の乱れの前兆であり、深さ四五センチだとか、大きさ四〇センチだとかいう降雹も、その一つとして記録されているのである。雹はこのような文脈で記録されるのが、基本なのだ。

中国の歴史書をひもとくと、はるかな昔から、雹に関する記録が続いている。それは、単なる気象の記録ではない。太古の昔から争いを繰り返してやまぬ人類の、性懲りもない歩みの足跡なのである。

「雹」と「霰」が生じるしくみ

では、「霰」はどうかというと、中国の歴史書には、ほとんど登場しない。『史記』を引き継いで書かれた『漢書《かんじょ》』という歴史書の「五行志《ごぎょうし》」という部分には、その理由に関連して、興味深い記述がある。

『漢書』の「五行志」は、まず、雹と霰が生じる原因について説明する。

――陽の気が盛んになると、雨になる。そこへ陰の気が流入して生じるのが「雹」である。一方、陰の気が活発になると、雪が降る。そこへ陽の気が近づいて生じるのが「霰」である。

この説によれば、雹は雨が変化したもので、霰は雪が変化したものだということになる。陰陽の気という中国古来の世界観に即した「五行志」の説明は、次のように続く。

――「雹」は陰の気が陽の気を脅かして生まれるものであり、「霰」は陽の気が陰の気を脅かして生まれるものである。

中国古来の考え方では、陽の気は万物を盛んにし、陰の気は万物を衰えさせる。ということは、陰の気が陽の気を脅かす「雹」が降ると、万物は衰え、世の中は乱れることになる。「霰」が降るとその逆で、世の中は安定するだろう。

――そういうわけで、『春秋』は、「霰」について記録しないのである。

『春秋』とは、当時、孔子が世の中の乱れを記録し、それを指弾するためにまとめたものだ、と考えられていた歴史書である。この考え方からすれば、世の中が安定しているときに降る「霰」が『春秋』に出て来ないのは、当然のことなのだ。

古代の中国においても、我々の生きる現代と同じように、「雹」は大きく、「霰」は小さい。ただ、両者の違いは、サイズだけではない。「雹」は世の乱れの兆しであり、

「霰」は平和の現れなのである。

花も涙もコロコロと散る

歴史書という立場からこの世界を眺めると、「雹」という漢字は頻繁に使われるものの、「霰」という漢字を用いる場面は少ない。しかし、目を文学の世界に向けると、話はまったく逆になる。

中国の文学も、中国の歴史学と同様、紀元前数世紀からその長い歩みを始めている。それが一つの頂点に上り詰めるのは、紀元後の七~九世紀、唐王朝の時代のこと。それまでの一〇〇〇年以上もの間、中国の詩人たちが作品に「雹」という漢字を使うことは、ほとんどなかった。

それに対して、「霰」という漢字を詠み込んだ漢詩は多い。そうは言っても、霰そのものをうたうわけではない。たとえば、七世紀の後半から八世紀にかけての詩人、張若虚《ちょうじゃっきょ》の「春江花月《しゅんこうかげつ》の夜」という作品には、次のようにある。

江流《こうりゅう》は宛転《えんてん》として芳甸《ほうでん》を遶《めぐ》り
月は花林《かりん》を照らして　皆　霰に似たり

――長江の流れは花咲く野をうねうねと流れ、月光は花が散る森を照らして、すべてが霰のように輝く。

「花林」が「霰」に似ているというのは、花が散るようすを、霰が降るようすにたとえたものなのだろう。冷たく硬質な美しさを際立たせる、幻想的な比喩表現である。

このように、花のことを「霰に似たり」とか「霰の如し」とうたうのは、「霰」を詠み込む漢詩の一つの定番である。もう一つ、「霰」の漢詩の定番となっている表現は、涙を「霰」にたとえるものだ。

その例として、九世紀、唐王朝末期の詩人、杜牧《とぼく》が、なつかしい旧友に再会したときにうたった「故人に逢う」という作品の一節を引こう。

年年、相《あい》見ざるに
相見れば却《かえ》って悲しみを成す
我をして涙は霰の如く
君が髪の糸に似たるを嗟《なげ》かしむ

――何年も何年も逢っていなかったのに、いざ逢ってみると、感じるのは悲しみばかり。私の涙は霰のようにこぼれ、君の髪が白い糸のようになってしまったのが嘆かわしい。

再会の喜びよりも悲しみが勝るというのは、いかにもこの詩人らしい、人情の綾《あや》をついた表現だ。お互いに年老いてしまったなあ、という悲しみに、涙がコロコロとこぼれ落ちるのである。

花にせよ涙にせよ、現実としては、けっして「霰」に似てはいない。それを「霰」にたとえるのは、高度に文学的な表現なのだ。

「雹」と「霰」の違いは、基本的には大きさだ。その点は、昔の中国でも、現在の日本でも大きくは異ならない。

だが、「雹」は、世の乱れの兆しとして歴史書によく記録され、「霰」は、漢詩によく登場して文学的な美の世界を作り出す。この二つの漢字の間には、サイズの差とはまた異なる違いが、存在しているようである。

わびしい霙の美しさ

帰るところはあそこしかない

時は明治の終わりごろ、所は長野県北部の飯山町《いいやま》（現在の飯山市）。主人公の小学校教員、瀬川丑松《うしまつ》は、悩み抜いた末に被差別部落の出身であることを告白。因襲でがんじがらめになった町を棄て、アメリカはテキサスへと旅立つ。

島崎藤村《とうそん》の名作、『破戒』である。一九〇六（明治三九）年発表というその時代を考えれば、被差別部落の問題をテーマに据えた藤村の試みは、果敢な挑戦だ。しかし、次のように始まる最終章には、その限界も自ずと現れている。

いよいよ出発の日が来た。払暁頃《よあけ》から霙《みぞれ》が降出《ふりだ》して、扇屋に集《あつま》る人々の胸には寂しい旅の思《おもい》を添えるのであった。

悲しいかな、丑松の旅立ちは逃げ去るようであり、出発の前夜に泊まった「扇屋」という旅館に集まった見送りの人びとの表情も、冴えないのだ。

結局、出発のその瞬間まで、〝みぞれ〟は降りやまない。藤村はくり返しそのようすを描写している。そして、〝みぞれ〟にかき消されて姿の見えない職場や下宿を思って、丑松が熱い涙をこぼすところで、作品は終わっている。

〝みぞれ〟は、わびしい。〝雪〟は、喜びであれ悲しみであれ、人の感情を増幅させる。それに対して、〝みぞれ〟は、人の心を滅入《めい》らせる。不活発な気分にさせるのだ。雪とも雨ともつかぬ中途半端なものが、びしゃびしゃと音を立てて降るようすは、わびしい情景にこそふさわしい。

それは、平安時代の昔でも、変わらない。紫式部は『源氏物語』の中で、二度、〝みぞれ〟を降らせている。その一つは、「帚木《ははきぎ》」の巻で、まだ若い光源氏をはじめとする男たちが、過去に関係のあった女たちについて語り合うシーンに出てくる。いわゆる「雨夜の品定め」として有名な場面である。

――ある男は、かつて、とても嫉妬深い女と馴染みになったことがあった。いい加減、嫌気《いやけ》が差して、ある日、大げんかをした挙げ句に「今日でお別れだ」と捨てゼリフまで吐き捨て、女の家を出た。そうしてそのまま、数日が過ぎた。

夜更けていみじう霙降る夜、これかれまかりあかるる所にて思ひめぐらせば、なほ家路と思はむ方はまたなかりけり。

〝みぞれ〟がさかんに降る夜、ほかに行くところはないかとあれこれ考えをめぐらせても、帰るところといえばやっぱりあの女のもと以外に、思い浮かばないのだ。縁切り宣言をした相手のところへ、すごすごと戻っていかなければならないとは、なんとも気が滅入る話ではないか。

また、清少納言は『枕草子』で、〝みぞれ〟について次のように述べている。

降るものは、雪。霰。霙は、にくけれど、白き雪のまじりて降るをかし。

雪やあられに対して、〝みぞれ〟の評価は低い。「にくし」というのは、そのわびしさを嫌ったのだろう。でも、気温が下がって白い雪が混じるようになると、「をかし」となる。その変化に目を付けたのが、清少納言ならではの才のきらめきといったところだろうか。

「みぞれ」はいつから「霙」なのか?

ところで、先ほど引用した『源氏物語』や『枕草子』の文字遣いは、『新編日本古典文学全集』(小学館)のままである。とはいえ、だから紫式部や清少納言が実際に「霙」という漢字を使っていた、というわけではない。なぜなら、『源氏物語』にせよ『枕草子』にせよ、自筆の原稿は早くに失われていて、写本の形でしか伝わっていないからだ。手書きで書き写されていく間に、文字遣いはおろか、本文にさえ違いが生じるのが、古典の世界の常なのだ。

実際のところ、平安時代の女性たちは主にひらがなを用いて文章を綴るのがふつうだったから、おそらく、「みぞれ」もひらがなで書き表されたことだろう。

その一方で、紫式部や清少納言の時代よりも少し前に、源順《みなもとのしたごう》という学者が編んだ『和名類聚抄《わみょうるいじゅしょう》』という漢字の辞書には、「霙」という漢字がきちんと収録され、「みぞれ」だと説明が付けられている。才女と言われた紫式部や清少納言のことだ。「霙」という漢字とその読み方「みぞれ」を、知識としては知っていたことだろう。

では、その知識が実際の文章の中で生かされるようになったのは、いつごろのことか？

平安時代も終わりごろになると、あらかじめ題を設けて和歌をよむことが一般化する。その題として〝みぞれ〟も取り上げられることがあった。歌の題は漢字で書き表されることが多かったようだから、遅くともそのころには、日本語の世界で漢字「霙」が実際に使われるようになった、と考えてよいだろう。

とすれば、「霙」と書いて「みぞれ」と読むのには、すでに一〇〇〇年近い伝統があることになる。だが、ぼくは、その伝統にちょっとだけ、違和感を覚えてしまうのだ。

カッコよすぎる「霙」

「霙」を「みぞれ」と読むことに対して抱く違和感。——それは、「霙」という漢字があまりにカッコよすぎるところにある。

「霙」は、見ての通り、「雨かんむり」の下に「英」を書く。この「英」は、「英雄」「英傑」「俊英」「育英」のように、〝立派な人物〟を指す漢字だ。さらにいえば、「艹（くさかんむり）」が付いているところに現れているように、「英」とは、本来は〝美しい花〟という意味なのだ。びしゃびしゃと降ってわびしい〝みぞれ〟を表す漢字としては、

雨　あめ
＋
英　美しい花
＝
霙　みぞれ？

カッコよすぎやしないか？

では、日本人は、この漢字を間違って使っているのだろうか？

そうではない。一一世紀の初めに中国で作られた『大広益会玉篇《だいこうえきかいぎょくへん》』という辞書では、「霙」のことを「雨雪《うせつ》、雑《まじ》り下《くだ》る」と説明している。これは、日本語の「みぞれ」そのものだ。この辞書の元になった『玉篇《ぎょくへん》』は、六世紀に作られて日本にも早くもたらされ、大いに利用された。その後、中国ではまったく散逸してしまったのに、一部だけだが日本には残っている、というくらいだ。

おそらく、平安時代の日本人はこの『玉篇』によって「霙」の意味を理解し、「みぞれ」と読むことにしたにちがいない。

ただ、その一方で、この漢字の意味については、やや異なる説明もある。それは、一〇世紀の終わりに編纂された『太平御覧《たいへいぎょらん》』という一種の百科事典で紹介されている、次のようなものだ。

凡《およ》そ草木の花は多く五出《ごしゅつ》す。雪花は独り六出《ろくしゅつ》す、雪花を霙と曰《い》う。

——植物の花には、花びらが五枚のものが多い。雪の花だけは、六枚である。雪の花を「霙」という。

また、おそらく一一世紀の終わりごろにまとめられたと推測される『埤雅《ひが》』という事典では、こんな説明をしている。

雪は寒さ甚だしければ則《すなわ》ち粒を為《な》し、浅ければ則ち華を成す。華を之《こ》れ霙と謂《い》う。

——雪は気温が低いと粒になるが、それほど低くない場合には「華」となる。これを「霙」と呼ぶ。

これらに見られる「霙」は、あのびしゃびしゃと降る、雨とも雪ともつかぬ中途半端なものではない。雪の花、雪の華というからには、美しい〝雪の結晶〟を指していると考えられよう。それは、「雨かんむり」に「英」を書くという、この漢字の成り立ちにもぴったりだ。

気温がそれほど低くないときに降る雪は、水気

いろいろな雪の結晶

を多く含み、結晶がいくつもつながって大きなかたまりになる。いわゆる「ぼた雪」「牡丹雪《ぼたんゆき》」だ。もともとは〝雪の結晶〟を指していた「霙」は、このあたりから〝雨と雪が混じって降るもの〟へと、意味の範囲を広げていったのではないだろうか。

わびしいものの美しさ

というふうに理屈をつけてみたところで、ぼくが抱いている「霙」を「みぞれ」と読むことに対する違和感が、払拭《ふっしょく》されるわけではない。

中国の詩文を見てみると、「飛霙《ひえい》」「翻霙《ほんえい》」「玉霙《ぎょくえい》」といった表現が目に付くから、なおさらだ。ぼくたちの知っている〝みぞれ〟は、飛んだり風に翻ったりとは縁が薄いし、ましてや「玉」にたとえられるものでもなかろう。中国の少なくとも伝統的な文学の世界では、「霙」は〝雪の結晶〟のイメージを色濃く残していると思われる。

では、日本語では、どうしてそのイメージは失われてしまったのか。わびしく降る〝みぞれ〟に対してしか、この漢字を使わなくなってしまったのか？

その答えは、ぼくにはわからない。だが、ここでぼくは、松尾芭蕉《ばしょう》の例の「わび」「さび」の美学を思い出す。

我々の先人は、〝わびしさ〟がそのまま〝美しさ〟になりうることを知っていた。「霙」

を「みぞれ」と読んで使うその底には、そういう日本的な〝美〟の感覚が潜んでいるのかもしれない……。

そんなことを考えて、うれしくなったりするのである。

厳しさは秋の霜のように

想像力豊かな検察官

「秋霜烈日《しゅうそうれつじつ》のバッジ」を、ご存じだろうか？

一九五〇（昭和二五）年に制定された、日本の検察官の襟章である。次ページの図のようなデザインが、〝霜と日差し〟の組み合わせに見える。それが、「秋霜烈日のバッジ」と呼びならわされている理由である。

ただ、このデザイン、もともとはそんなふうに見せようという意図はなかったらしい。そう言われれば、そもそもこの襟章が〝霜と日差し〟の組み合わせに見えるのか、というところからして、ちょっくら怪しくなってくる。我が国の検察官のみなさんは、

秋霜烈日のバッジのデザイン

よほどの詩的な想像力の持ち主なのにちがいない。

いや、少なくともこのバッジが制定された当時の法曹界では、「秋霜烈日」という表現がよく知られていたのだろう。そういう先入観を持つ人たちが見たから、このデザインが〝霜と日差し〟の組み合わせに見えたのではないか。

では、「秋霜烈日」とは何か？

それは、文字通りには、〝秋の冷たい霜〟と〝夏の苛烈な日差し〟のことをいう四字熟語だ。その厳しいイメージから、〝態度に威厳がある〟ことや〝法律や刑罰などが厳正である〟という意味で使われる。

ただ、ぼくに言わせれば、このことば、四字熟語としてはちょっとバランスが悪い。「秋」で始めるのならば、三文字目には「春」を持ってくる方が落ち着く。逆に、夏を思わせる「烈日」で納めたいならば、前半は冬に関する熟語にすべきではなかろうか。

そこで、「秋霜烈日」は、もともとは「厳霜烈日《げんそうれつじつ》」だったのだろう、とする辞書もある。なるほど、それならば「厳」と「烈」の対応がよく取れて、いかにも四字熟語らしい表現になる。
ぼくに調べがついた範囲で最も古い「秋霜烈日」は、北宋《ほくそう》王朝の時代、一一世紀の終わりから一二世紀の初めにかけての禅僧、覚範慧洪《かくはんえこう》の詩に出てくるもの。一方、「厳霜烈日」は、その少し前にできあがった、唐王朝の時代を記録した歴史書『新唐書《しんとうじょ》』で、すでに使われている。時代としては、「厳霜烈日」が「秋霜烈日」に変化したと考えても、矛盾はない。

正義を実現するためには…

となると、こんどは「秋霜」がどこからやってきたかが気になるのだが、それは、六世紀に劉勰《りゅうきょう》という学者が書き表した、中国文章論の古典、『文心雕竜《ぶんしんちょうりょう》』に出てくる、次のような表現からではないかと思われる。

罰を明らかにし法を勅《ただ》すには、則《すなわ》ち辞に秋霜の烈有り。

これは、皇帝が下す詔《みことのり》の文章について論じた一節。刑罰や法律をはっきり正しく運用していくための詔では、ことば遣いに〝秋の霜のような苛烈さ〟がなくてはならない、と述べている。

この「秋霜の烈」が「厳霜烈日」に影響を与えて生まれたのが、変則的な「秋霜烈日」なのだろう。実際、この四字熟語は、『文心雕竜』の文脈を受け継いで、刑罰や法律を運用していく上での厳しさ、もっと広く言えば、国家や社会を背景として、〝正義を貫く〟ための厳格さを指して使われることが多いのだ。

そう考えると、日本の検察官の胸に輝く「秋霜烈日のバッジ」も、趣がさらに深まるというものだ。

社会正義を実現するために、刑罰や法律を厳格に運用していかなければならない検察官たちには、時には非情なまでの〝厳しさ〟が求められる。その思いは「秋霜烈日」という四字熟語の形で、彼らの間で共有されていたのだろう。そんな彼らがあのバッジを目にしたとき、それが〝霜と日差し〟の組み合わせに見えたとしても、不思議ではない。

おれの刃を見てみないか?

「霜」は、意味としては、冷え込みが厳しくなると生じる〝しも〟を指す漢字だ。しかし、「雨かんむり」の下に「相」を書いて、なぜ〝しも〟を表すのかについては、よくわからない。この「相」は、現在の音読みに直せば「ソウ」になるような発音を

雨　あめ
＋
相　ソウ（発音）
＝
霜　ソウ　しも

表しているだけ。いわゆる「形声《けいせい》」の文字である。〝しも〟が降りると、植物たちは枯れ始める。そこから、「風霜《ふうそう》」で〝人生で経験する苦しみ〟のたとえとして使うこともある。また、「霜鬢《そうびん》」といえば、〝真っ白になった鬢《びん》の毛〟。苦労を重ねて年老いたことの象徴だ。

これらのように、「霜」には、〝つらい〟〝苦しい〟というイメージがある。「霜」という漢字は、ときに〝つらい〟〝苦しい〟という人間の感情をしっかりと受け止めて、そしてときには、それをやさしく癒やしてくれる。しかし、「秋霜烈日」の「霜」は異なる。こちらは、人間的な感情を排した、非情な〝厳しさ〟を表しているのだ。「霜」はときどき、このように、だれも寄せつけない〝厳しさ〟を見せることがある。

唐王朝中期、八世紀の終わりから九世紀前半にかけての詩人に、賈島《かとう》という人物がいる。自作の詩の一節を「門を推す」にするか「門を敲《たた》く」にするかで迷いに迷ったという「推敲《すいこう》」の話で、現在でも広く知られている詩人だ。

この詩人の「剣客《けんかく》」という詩も、ぼくにとっては、「霜」のだれも寄せつけない性格を思い起こさせる例だ。「五言絶句《ごごんぜっく》」と呼ばれる、五文字四句から成る短い作品だから、全体を引こう。

十年　一剣を磨くも
霜刃《そうじん》　未《いま》だ曾《かつ》て試さず
今日　把《と》りて君に示さば
誰《たれ》か不平の事を為《な》さん

──一〇年もの長い間、たった一振りの剣を磨いてきたが、霜のように冷たいその刃を、まだ試してみたことはない。今日、その切れ味を君に見せてやったなら、もうだれもつべこべ言わなくなるだろう。

なにやら不気味な迫力のある漢詩である。この剣客は、自分の腕に絶対の自信を持っている。そして、〝オレの腕を見てみたくないかい？〟と、不敵な笑いを浮かべている。「霜刃」に映ったその笑いは、だれも寄せつけない。孤高と言えば孤高だが、人をぞっとさせる孤高である。

賈島本人は、お坊さんを辞めて官僚になった男であって、剣客ではない。ただ、官僚になるまでにはずいぶんな苦労を重ねたし、ようやく官僚の地位を手に入れたのもつかのま、皇帝の怒りに触れて左遷され、困窮のうちに亡くなったとも伝えられている。

己の才能には自信があるのに、いつまでたっても、運命が開けてこない。そんな不満が、自分を剣客に仮託して、このような詩を作らせたのだろうか。

李白の見た美しい夜

こうやって見てくると、かの八世紀の天才詩人、李白《りはく》がものした五言絶句の名作「静夜思《せいやし》」だって、人を寄せつけないような「霜」のイメージを中心にして、読んでみたくなってくる。

牀前《しょうぜん》 月光を看《み》る
疑うらくは 是《こ》れ地上の霜かと
頭《こうべ》を挙げて山月を望み
頭《こうべ》を低《た》れて故郷を思う

「牀」とは、〝寝台〟。夜中に目を覚ました李白は、月の光に照らされて、寝床のまわりが一面、真っ白に輝いているのを見たのだ。まるで「霜」が降りたかのように。そのとき彼が見出したのは、昼間とはまったく異なる、人を寄せつけないような〝美〟

の世界ではなかったか。

山の上にかかる月を見上げたのは、〝美〟の世界にあこがれる詩人の魂の現れだ。とすれば、続いて故郷を思ったのは、親しい人びとが暮らす人間の世界に対する愛着のなせるわざだろうか。

いや、〝美〟の世界だけに生きることなどかなわない、〝人間〟としての諦めかもしれない、なども考えてみる。

李白は、唐王朝の時代の文学だけではなく、中国文学全体を代表する大詩人だ。天才によくあるように、その言動は世の中の常識にとらわれない自由奔放なもので、そのために仙人にたとえられることもあった。

たしかに彼は、二十代の半ばで故郷の蜀《しょく》（現在の四川省）を出たあとは、各地を放浪し、数多くの詩人たちと交わりを結びながら、詩と酒と旅に生きた。それはまさに仙人的な生き方であろう。

実際、後世の人びとにとってそのイメージは強烈であった。肖像画に登場する李白はと言えば、いつだってゆったりとくつろいでいて、杯が描かれていないものはないくらいだ。

しかし、李白とて人の子である。人間の世界を、苦しみながら生きていかなければ

18世紀末ごろに描かれた李白の肖像。寄りかかった台の下に杯が見える。『芥子園画伝』第四集より。

ならぬ。事実、四十代の初めに都に出て皇帝に仕えたときには、宮中の権力争いに巻き込まれ、結局は官職を辞め、都から出て行かざるをえなかった。さらに、唐王朝を揺るがす大反乱が勃発すると、皇帝の弟の軍に馳せ参じたものの、ここでも権力争いのとばっちりを受けて、反乱の疑いを掛けられて獄につながれてしまう。

このとき、死刑を覚悟した李白は、しかし、友人たちの奔走によって減刑されて、流罪《るざい》で済んだ。そして、その流刑地に向かう途中で恩赦にあって釈放されるという、めまぐるしい浮き世の変転を経験している。

ようやく自由を取り戻した李白の身には、しかし、あと二年の寿命しか残されていなかった。死が迫り来る中で、この不世出の天才詩人の老いた眼に、あの夜にかいま見た〝美〟の世界が蘇ることはあったのだろうか……。

V

晴れの章

神よ、明日は霽れますか?

少年の日の春のとまどい

中学一年生の春、英語を習い始めたばかりのころ、お天気を英語ではどのように表現するかを知って、ちょっとした疑問を覚えたことがある。

雨ならば、It's rainy.という。曇りならば、It's cloudy.といえばいい。どちらも、雨を表すrain、雲を意味するcloudと関係が深い表現だ。でも、晴れの場合は、It's fine.とか、It's clear.という。直訳すれば、〝すばらしい〟とか〝くっきりしている〟となる。

——不思議やなあ。英語には、〝はれ〟を意味するオリジナルの単語はないんやろか?

のちになってsunnyという単語があることを知って、この疑問は一応の解決を見たのだが、教科書的には、fineやclearを使う方がふつうのようだ。英語は不思議な言語だ、という中一の春のとまどいは、今もって、完全に打ち消されたわけではない。

その点、中国語は安心だ。だって、「晴」という漢字があるもの。太陽を示す〝日〟に「青」を組み合わせて、太陽が輝いて空が青く澄みわたった「はれ」の天気を表すのだ。なんともわかりやすい漢字ではないか！

ところが、ぼくのこの安心感も、三十代になって漢和辞典の仕事をするようになると、揺らぎ始めてしまった。なぜなら、漢字が誕生したころの中国には「晴」という漢字はなかった、という事実を知ったからである。

古代文字の「晴」

紀元前一三〇〇年ごろの中国には、たとえば、「明日、王が狩りに出かけたいのだが、吉か凶か？」といったようなさまざまなことを、占いで判断する風習があった。亀の甲羅や動物の骨を火であぶって、そこにできるひび割れの形で占うのである。

その占いの内容と結果は、使った甲羅や骨に刻みつけて記録された。その際に用いられたのがいわゆる「甲骨文字《こうこつもじ》」で、現在のところ確認できる、最も古い漢字の祖先である。

甲骨文字は五〇〇〇種類ほどが発見されていて、そのうちの二〇〇〇文字ほどが解読されているという。だが、その中に、現在の「晴」に相当する文字は含まれていない。

甲骨文字からやや遅れて、紀元前一一〇〇年ごろから、青銅器に鋳込まれた「金《きん》文《ぶん》」と呼ばれる文字が使われ始める。この文字も約二〇〇〇字が解読されているが、やはり、「晴」に相当する文字は見当たらないようである。

時代はずっと下って、紀元前三世紀の終わり。中国全土を初めて政治的に統一した秦《しん》王朝の始皇帝《しこうてい》は、当時、地方ごとにさまざまに書かれていた漢字の形をも統一した。現在でも実印などの文字として使われることがある、いわゆる「篆書《てんしょ》」である。

紀元後の一世紀の終わりから二世紀の初めごろに、この篆書を一万字ほど集めて、その意味と成り立ちを説明した辞書が作られた。それが『説文解字《せつもんかいじ》』なのだが、この辞書にも、「晴」に対応する篆書は、載せられていない。

このような事実からすると、漢字が誕生してから約一五〇〇年もの間、「晴」という漢字は存在していなかった、と思われる。

でも、だからといって、中国古代の人びとが〝はれ〟という天気を書き表すことがなかったわけではない。実は、お天気の〝はれ〟を表す漢字は、もう一つあるのである。

占いで知りたかったこと

その漢字は、「霽」。音読みでは「セイ」と読む。

なあんだ！　だったら「晴」と読み方も意味も同じ漢字、いわゆる「異体字」じゃないか！　——と早とちりしてしまいかねないのだが、そうではない。現代中国語では、「晴」はローマ字表記ならqingとなる発音をするのに対して、「霽」はji。古代の中国語でもこの二つは違う発音がされていて、別のことばを表す別の漢字なのである。

「霽」は、「雨かんむり」の下に「齊」と書く。なにやらややこしい形をしたこの「齊」は、「斉」の旧字体。これに「氵（さんずい）」を付けたのが、現在では「返済」のように〝おしまいにする〟という意味で用いる「済」で、本来は〝川を渡り終える〟ことを表す。同じように考えて、「齊」に「雨」を組み合わせた「霽」は、〝雨が降り終わる〟ところから〝はれる〟ことを表すようになった、と解釈されている。

　この漢字は、『説文解字』にも収録されていて、篆書では次ページの図の左側のような形をしている。それだけでなく、甲骨文字の中にも、図の右

雨　あめ
＋
齊　終わる
＝
霽　雨が降り終わる

「霽」の篆書（左）と
甲骨文字（右）

側のように、「霽」の祖先だと推定できる文字が存在している。古代中国の人びとも、〝はれ〟のお天気を書き表す漢字を、きちんと持っていたのである。

そうはいっても、「晴」と「霽」とは、やはり異なる。「晴」は、太陽が輝いて空が青く澄みわたっているわけだから、〝はれている〟という天候の状態が発想の基盤にある。そこから意味が広がって、雨がやんで〝はれる〟という天候の変化を指しても使われる。一方の「霽」は、そもそも〝雨が降り終わる〟という天候の変化から生み出された漢字なのだ。

この違いの背景には、漢字が占いから発生してきた、という事情があるのだろう。古代の中国の占いについて記した『史記』の「亀策《きさく》列伝」には、天候に関する占いの例も紹介されている。それによれば、「天、雨ふるか雨ふらざるかを卜《うらな》う」場合と、「天、雨ふるに、霽《は》るるか霽れざるかを卜う」場合とがあったらしい。中国古代の占い師たちは、現在、晴れている場合と雨が降っている場合に分けて、天候がどう変化するのかを占っていたようなのだ。

つまり、彼らが興味を持っていたのは、天候の変化だったのだ。だからこそ、変化を表す「霽」という漢字が生み出されたのだろう。裏返せば、中国古代の占い師たちは、〝はれている〟という天候の状態そのものには、あまり興味がなかったのではないか。そのため、「晴」のように、〝はれている〟という状態から発想された漢字は、誕生が遅れたのではなかろうか……。

雨から晴れに変わるとき

現在まで残されている文献の上に「晴」という漢字が登場するのは、紀元後の三世紀ごろのことである。以後、「晴」は、活躍の場をだんだんと広げていく。そして、唐王朝の時代の八世紀ごろには、「霽」よりもよく使われるようになっている。

そこには、状態と変化の両方を表せる「晴」の方が、変化しか指し示さない「霽」よりも使い勝手がいい、という理由もあっただろう。また、「霽」は入り組んだ形をしているから、勢い、書きやすい「晴」の人気が高まったという事情もあったことだろう。

では、「霽」は衰退の一途をたどったのかといえば、そうでもない。雨から晴れへの変化をきちんと表したいときには、やはり、「霽」にお呼びがかかるのである。

たとえば、七世紀の文人、王勃《おうぼつ》は、名文として名高い「滕王閣詩の序《とうおうかく》」の中で、次のようにうたう。

雲銷《き》え雨霽《は》れて、彩《さい》は徹し区《く》は明らかなり。

「彩は徹し区は明らかなり」とは、一つ一つのものの色彩や形の区別がはっきりとしていること。雨にもやっていた情景が、一転して色も形も鮮明になる。そのドラマチックな変化を描き出すには、「霽」という漢字がふさわしい。

また、九世紀の文人、杜牧《とぼく》が、秦の始皇帝の建てた壮麗な宮殿の栄枯盛衰をうたった「阿房宮《あぼうきゅう》の賦《ふ》」という文章には、次のような一節がある。

複道《ふくどう》の空を行くは、霽《は》れざるに何の虹ぞ。

「複道」とは、〝二階建ての渡り廊下〟。それが空中に架け渡されているようすを、雨上がりでもないのになんと虹が出た、とおおげさに驚いて見せている。虹という壮麗な美の出現を導くために、「霽」という漢字を使っているのだ。

「霽」が用いられた例として、さらには「光風霽月《こうふうせいげつ》」という四字熟語を挙げることもできる。これは、もともとは一一世紀の文人、周敦頤《しゅうとんい》の人柄を評したことば。「光風」とは、〝雨が上がって陽が差してきたときに吹く、穏やかな風〟のこと。高潔で、細かいことにこだわらない人格の高さを、雨上がりの風と月にたとえたのである。人は、雨が降った後にこそ、いっそう、すがすがしさを感じる。「光風霽月」は、その感覚を下敷きにした四字熟語だ。ここでも、「霽」の持つ変化のニュアンスが、よく生かされているといえるだろう。

「霽」は、「晴」に比べて、雨から晴れへという変化を強調する。変化とは、ドラマを生むものだ。かくして「霽」は、活躍の場を「晴」に譲りつつも、ちょっとしたドラマを秘めた漢字として、使われ続けていったのである。

お金のほかに望みはない

では、そんな「霽」という漢字は、日本人にはいったいどのように受け止められたのだろうか。

残念ながら、現在のぼくたちにとっては、「霽」はあまり身近な漢字ではない。しかし、近代日本の文学者たちの文章を読むと、「霽」に出会うことも少なくはない。

その使われ方はというと、〝雨が上がる〟という基本に忠実なものがほとんどだ。しかし、「霽」の秘めるドラマという観点からすると、たとえば、次のような例が印象に残る。

金銭《かね》のないのも謂《い》わば無念の一つです。その金銭があったら何とでも恨《うらみ》が霽《はら》されようか、とそれを楽《たのしみ》に義理も人情も捨てて掛って、今では名誉も色恋もなく、金銭より外には何の望《のぞみ》も持たんのです。

尾崎紅葉《おざきこうよう》『金色夜叉《こんじきやしゃ》』の主人公、間貫一《はざまかんいち》のセリフである。恋人、お宮を金銭ずくで奪われた貫一は、復讐の鬼と化し、高利貸しへと転身してお宮の夫を追い詰める。「金銭があったら何とでも恨が霽されようか」とは、この作品のコンセプトそのものを明示する、あまりにもドラマチックなセリフではあるまいか。

中国語でも、「霽」を〝怒りを鎮める〟という意味で使う例はある。しかし、近代の日本文学でときどき見かける、「恨みを霽らす」「無念を霽らす」「疑いを霽らす」「心を霽らす」といった「霽」の用法は、ひょっとすると日本語独自のものかもしれない。

古代中国の占い師たちは、〝天候の変化〟に興味を抱き、「霽」という漢字を生み出した。一方、近代日本の文学者たちの関心は〝人の心の変化〟にあって、やはり「霽」を使ってそのことを表現する。二〇〇〇年以上の時を経て、両者は、一本の糸で結ばれているのである。

薄くてはかない霓の魅力

宮廷で美女が踊る曲

七世紀から九世紀にかけての中国は、唐という王朝のもとに統一され、周辺の国々にも大きな影響力を及ぼしていた。八世紀の初め、その全盛期に君臨したのが、玄宗《げんそう》と呼ばれる皇帝である。

唐王朝が滅びたあとの一〇世紀後半、北宋《ほくそう》王朝の初めに、当時、伝えられていた不思議な話を何千編も集めて作られた『太平広記《たいへいこうき》』という書物がある。この書物によれば、玄宗皇帝は、ある中秋の名月の夜、羅公遠《らこうえん》という仙人に連れられて月の都を訪ねたことがあったという。

——羅公遠が空に向かって杖を投げると、杖は銀色の橋と化した。それを登っていくと、だんだんとまぶしくなり、寒さが肌身にしみてくる。そうやってようやくたどりついた月の都の宮殿で、玄宗皇帝は、数百人の仙女たちが白くゆったりとした衣服を着て、音楽に合わせて舞っているのを見た。

玄宗問いて曰《い》わく、「此《これ》は何の曲ぞや」と。曰わく、「霓裳羽衣《げいしょううい》なり」と。

音楽の才能があった皇帝は、その調べを秘かに記憶して地上界に戻り、宮中の楽人たちに教えて演奏させたのだった。

以上はもちろん伝説だが、「霓裳羽衣」という名の曲そのものは、実在した楽曲である。玄宗皇帝の華やかな宮殿の中で、この曲に合わせて舞うのはだれかと言えば、もちろん、彼がこよなく愛する絶世の美女、楊貴妃《ようきひ》だ。

しかし、玄宗皇帝と楊貴妃の愛の日々は、反乱の勃発によって悲劇となって終わる。楊貴妃は、反乱の一因を作ったとして責任を問われ、怒り狂った近衛兵たちに血祭りに上げられてしまったのだ。

やがて反乱は収まったものの、玄宗皇帝は楊貴妃のことが忘れられず、呆然《ぼうぜん》としたまま余生を送ることになる。そして、「霓裳羽衣の曲」も、不吉な楽曲として、演奏されなくなっていった……。

音楽に合わせて舞う楊貴妃。17世紀の『古雑劇』より。

「霓」とは、雨上がりの空にかかる〝にじ〟を表す漢字だ。だから、「霓裳羽衣」とは、文字通りには〝にじ色のはかまと羽毛の上着〟という意味になる。そのようにきらびやかで軽やかな仙女たちが舞い踊る曲、それが、「霓裳羽衣」の曲なのだ。

ただ、漢和辞典を調べると、「霓」について、もう少し詳しい説明が載っている。

曰わく、ふつうの「虹」の外側に、色の薄いもう一本の〝にじ〟が見えることがある。「霓」は、それを表す漢字なのだ、と。さらに言えば、古代中国の人びとにとっては〝にじ〟とは空を翔《かけ》る竜の一種だったから、「虹」は雄で、「霓」は雌を指す、と考えていたのだ、と。「雨

雨（あめ）＋兒（子ども（弱い？））＝霓（薄い方のにじ）

かんむり」の下の「兒」は、「児」の旧字体だから、〝弱い〟という意味があるとも考えられる。

辞書にこういうことを教えられると、「霓」という漢字のイメージが深まる。薄くしか見えない〝にじ色〟から感じられるのは、はかない美しさ。しかも〝雌の竜〟なのだから、そこから浮かび上がってくるのは、はかなくも美しい女性の姿だ。

「霓裳羽衣」は、現在でも、〝女性の美しく軽やかな衣服〟や〝女性が美しく軽やかに舞うようす〟を指す四字熟語として、使われることがある。それは、現実には存在しない、仙女のイメージから生まれた表現なのだろう。と同時に、そこには楊貴妃の悲劇的な生涯もが写し込まれているように感じられる。

「虹」と「霓」の違い

ところで、〝にじ〟を改めて教科書的に説明すると、空中に浮かぶ細かな水滴に当たった光が、水滴の内側で反射することによって生じる自然現象だ、ということになる。その際、水滴の中に入る際とそこから出る際の光の屈折率が色によって異なるこ

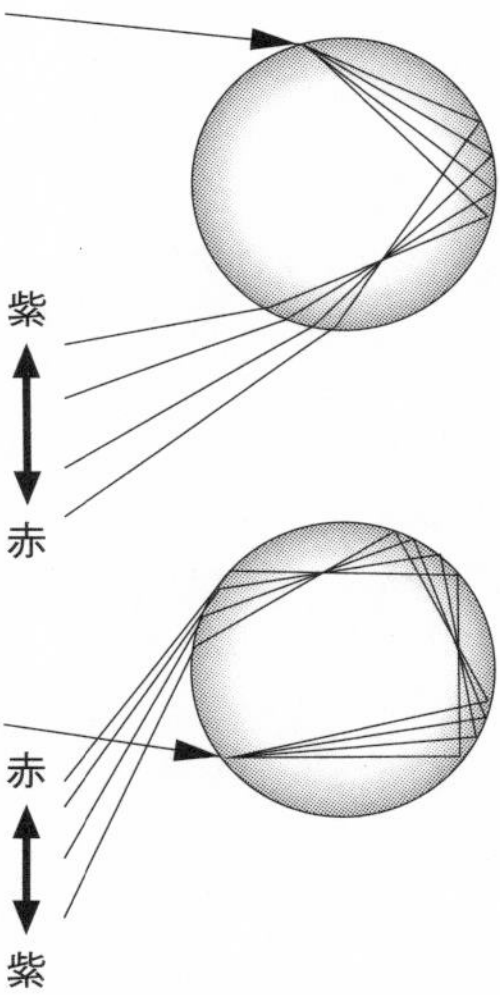

主虹（上）と副虹（下）のできるしくみ

とから、七色に分かれて見えるのだ。それが二本、見えることがあるというのも、科学的にきちんと理由が説明されている。

　ものの本によれば、ふつうの「虹」は、空中に浮かぶ水滴に当たった太陽の光が、一回、反射して現れるもので、内側が紫で外側が赤というふうに色が並ぶ。これに対して、その外側に見える「霓」は、太陽光が水滴に当たって二回、反射することによって出現し、色の並びは内側が赤で外側が紫と、「虹」とは逆になるそうだ。

　科学の用語としては、ふつうの〝にじ〟を「主虹《しゅこう》」と呼ぶ。それに対して、その外側に見える色の薄い〝にじ〟は「副虹《ふくこう》」と呼ばれていて、「霓」とはいわない。だから、漢字「霓」を、本来どおり、色の薄い〝にじ〟そのものを指して実際の文章の中で使うことは、現在ではまずないと言っていいだろう。

　というわけで、「霓裳羽衣」は、「霓」という漢字が現在でも用いられる貴重な例の一つなのだが、同様の例として、もう一つ、「大旱《たいかん》の雲霓《うんげい》」がある。こちらは、紀元前四世紀ごろに活躍した中国の思想家、孟子《もうし》にまつわる故事成語である。

雨の降る前に虹は出るか?

孟子が生きたのは、中国が多数の国に分かれて争いをくり広げた「戦国時代」である。当時、思想家たちに突きつけられていたのは、戦国の争いを生き抜くために〝国を強くするにはどうすればいいか?〟という大問題だった。この難問に対して、孟子は、〝君主たるもの、庶民の暮らしを最優先に考えた仁政を行うべきだ〟と主張する。そうすれば、その国には人びとが集まり、自然と強い国ができあがる、と。

乱れきった戦国の世で、庶民は、仁政を行う君主の出現を待ち望んでいる。——そのことを、孟子は次のようなたとえで表現している。

民の之《これ》を望むは、大旱《たいかん》の雲霓《うんげい》を望むが若《ごと》きなり。

「大旱」とは、〝日照りが長く続いて、雨が降らない〟こと。そういう時には、人びとは雨を待ち望む。今、仁政を待ち望んでいる庶民の心は、ちょうどそれとおんなじだ、というのだ。ここから、「大旱の雲霓」とは、〝何かを強く待ち望む〟ことを指す故事成語として、使われるようになった。

つまり、ここでの「雲霓」は〝雨をもたらすもの〟を意味しているわけだ。が、この孟子の名ゼリフに、ちょっとした疑問を抱くのは、ぼくだけだろうか？「雲」が出れば雨が降るというのは、問題ない。しかし、たとえ色の薄い「霓」とはいえ、〝にじ〟とは、雨が上がったあとに出るものだ。これから雨が降りだしそうな気配の表現としては、おかしくないだろうか。

孟子は何か勘違いをしているのだろうか？　いや、そうではあるまい。雨を予感させる自然現象であって、〝にじ〟と似ているものがある。それは、太陽のまわりにかかる〝ひがさ〟だ。孟子のいう「雲霓」とは、〝ひがさ〟のことなのではなかろうか？

〝ひがさ〟とは、太陽の光が薄い雲によって反射されて、太陽のまわりに光の輪が見える現象である。原理的には〝にじ〟とほぼ同じだ。だから、古代中国の人びとが、〝ひがさ〟のことも「霓」と呼んでいたとしても、不思議ではない。

しかし、〝ひがさ〟は〝にじ〟ほど鮮やかな七色にはならない。往々にして白一色に見えるほどに、色合いがはっきりしない。

薄い雲がかかった太陽のまわりに、ぼんやりと白く見える〝ひがさ〟。それは、たとえば真っ黒な雲に比べれば、はるかに頼りない雨の前兆だろう。ただ、長い日照りに苦しむ人びとの眼には、それでさえ、大きな希望として映るのだ。

庶民の仁政を望む気持ちは、それほどにまで切迫したものなのだ。——そういうふうに読むと、「大旱の雲霓」という孟子の得意のセリフも、さらに味わいが深くなるように思われる。

はかない魅力を残したい

中国でも日本でも、ふつうは〝にじ〟のことを「虹」と書く。雨上がりの空に鮮やかな七色の橋を架ける「虹」は、しばしば人びとを感動させ、夢を見させる。

それに対して、「霓」という漢字の持つイメージは、はかなく、頼りない。ただ、はかなくて頼りないものだけが持つある種の魅力が、この漢字にはある。それが、ぼくが「霓」にこだわってみたくなる理由である。

とはいえ、「虹」と「霓」のそんな違いは、必ずしも現在にまで受け継がれているとはいえないようだ。

現代の中国語には、「霓虹」という熟語がある。発音をカタカナで記すと、「ニーホン」。もともとは広く〝にじ〟一般を指して使われたようだが、現在では「ネオン」の当て字として用いられる。「霓虹灯」とは、夜の街を彩る〝ネオン・サイン〟のこと。

よくできた当て字ではあるが、ぼく好みの「霓」のはかなさは、どこかへ行ってしまったような気がする。

さらに、この「霓虹」は、中国のインターネットの世界では、我が国「ニホン」に対する当て字として使われることも、あるらしい。かの国のネット住民にとって、ニホンは〝ネオン・サイン〟のイメージなのだろうか。

その当て字の奥底に、はかない魅力が少しだけでも残っていることを、願いたい。

幽霊と需要と舞雩の台

「霊」に関する二つの学説

「雨かんむり」の漢字の中には、一見すると〝雨〟とは関係がなさそうなものも存在する。たとえば、「幽霊」や「霊魂」の「霊」に、どうして「雨かんむり」が付いているのだろうか？　幽霊はしとしとと雨の降る夜に出るもの、と決まっているわけでもあるまいに。

多くの漢和辞典が説明するその答えは、こうである。

――「霊」は、旧字体では「靈」と書く。下の方に見えている「巫」は、「巫女《みこ》」の「巫」で、神に仕える〝祈禱師〟を表す。ここから、「霊＝靈」も、もともとは〝神

に祈って雨を降らせる〟ことも、つまり〝雨ごい〟を意味する漢字だと考えられる。その〝神〟とは、古代の中国では祖先の魂だったところから、意味が変化して、「霊魂」や「幽霊」のように〝魂〟を指して使われるようになったのだ。

なるほど！　本来の意味が〝雨ごい〟なのであれば、「雨かんむり」が付いているのも当然だ。

ただし、「霊」の成り立ちには、異説もある。それは、中国言語学の立場から漢字の成り立ちを研究した、藤堂明保《とうどうあきやす》の説である。

藤堂説では、「靈」を構成する要素のうち、「巫」ではない方の「霝」にも注目する。この漢字で三つ並んでいる四角形は、清らかな〝しずく〟の形なのだという。つまり、「霝」は〝雨のしずく〟を意味する漢字なのであり、それに「巫」を組み合わせた「靈」

は、祈禱師が伝える〝雨のしずくのように清らかな神のことば〟を指すのだ、と考えるのである。

〝雨ごい〟と〝雨のしずくのような清らかさ〟。みなさんは、どちらに説得力を感じるだろうか？

結局は待つしかない

どうして「雨かんむり」が付いているのか、一見しただけでは首をひねりたくなる漢字として、ここでもう一つ取り上げておきたいのは、「需」である。

この漢字は、「需要」のように使われ、〝必要なものを求める〟という意味を表す。その成り立ちについて、一世紀の終わりごろに書かれた漢字研究の古典、『説文解字《せつもんかいじ》』では、本来は〝雨が上がるのを待つ〟ことだ、と説いている。つまり、先ほどの「霊」が〝雨ごい〟を指すのだとすれば、「需」は、いわばその正反対の漢字だということになる。

「消費者の需要に応える」「この商品はまだまだ需要がある」などと用いる「需要」には、〝だれかが欲しがっている〟というイメージがある。ただ、その欲しがる気持ちが積極的なものかといえば、そうでもない。なぜなら、「需要」とは、だれかが供

「而」の甲骨文字（右）と
「需」の金文（左）

給してくれるのを消極的に〝待つ〟ことなのだ、とも言えるからだ。

「需」という漢字には、このような〝待ち〟の姿勢が含まれている。『説文解字』の説は、そんな「需」の特徴をよく踏まえているように思われる。

　もっとも、この説は、現在に至るまで支持され続けているというわけではない。

　最近の辞書では、「需」に「氵（さんずい）」を付けた「濡」が〝ぬれる〟という意味であることに着目して、「需」も本来は〝雨にぬれる〟ことだとしているものもある。「而」は、甲骨文字では図のような形をしていて、やわらかい〝ひげ〟の絵から生まれたと考えられている。そこで、「需」は、〝雨にぬれてやわらかくなる〟という意味だとするのである。

　そこから〝必要なものを求める〟という意味を導き出す理屈は辞書によって異なるのだが、〝雨にぬれる〟ことが持つ消極的なイメージは、ここでも、消極的な「需」の特徴と合致しているようだ。

　これらとは一線を画すのが、民俗学的な立場から漢字の成り立ちを解き明かし、没

あめ　雨　あめ
＋
やわらかい ひげ　而　神に祈る 祈禱師
＝
ぬれて やわらかく なる　需　神に祈って 雨ごいする

後一〇年以上を過ぎた現在でも熱狂的な支持者を持つ、白川静《しらかわしずか》の説である。

白川説では、「需」に含まれる「而」の形を、神に仕える〝祈禱師〟だと説く。前ページの図のような金文での「需」を見ると、確かにそのようにも見える。つまり、「需」の本来の意味は、「霊」と同じく〝雨ごい〟だというのだ。そこから転じて、〝必要なものを求める〟という意味になるのだ、と。

日照りが続いて農作物が枯死しそうになったとき、恵みの雨を求めて天に祈るというのは、非常に切実な状況だろう。この「需」は、消極的なイメージではない。とはいえ、人間は、自分たちだけの力で雨を降らせることはできない。「雨ごい」という行為は、どうしたって受け身である。欲しくてしかたないが受け身で待つしか方法がない。――そう考えると、白川説も、現代の「需要」とうまくつながってくれるようだ。

孔子の理想とした暮らし

以上のように、漢字の成り立ちについては、複数の説が存在していることが多い。読者としては、それを読み比べて、自分にとって最も納得のいきやすいものを選ぶしかないわけだが、それもまたむずかしいのが現実だ。

ぼくは、個人的には、「霊」や「需」を〝雨ごい〟だと考える説に魅力を感じてはいるのだが、それはあくまで〝魅力〟のレベルにすぎない。なにより、どちらの漢字も、古い時代の漢文にまでさかのぼっても、〝雨ごい〟という意味で使われた例にはめぐりあわないのが、〝雨ごい〟説に軍配を上げるのをためらわせるところだ。

古代中国の人びとが、雨ごいをしなかったわけではない。雨ごいの記録は、たくさんある。ただ、それらには「霊」も「需」も出て来ない。その代わりに登場するのは、「雩」という漢字である。

この漢字を漢和辞典で調べてみると、音読みでは「ウ」と読み、意味は確かに〝雨ごいする〟とか〝雨ごいの祭り〟だとかと書いてある。とはいえ、現代の日本人にとっては、とんと見慣れない漢字だろう。

ただ、「雩」については、『論語』の「先進《せんしん》」編に印象的な用例がある。

——あるとき、孔子はくつろぎながら、弟子たちに向かって〝それぞれの理想とする生きざまを話してみなさい〟と語りかけた。弟子たちはみな、自分が政治家として活躍するようすを夢見て、語っていく。ところが、曾皙《そうせき》という弟子だけは、まったく異なる答えをした。

春の夕暮れ、仕立てたばかりの春服を着て、一族の若者たちを引き連れて出掛けたい、というのが、彼の望みである。どこへ出掛けるのかといえば、

沂《き》に浴し、舞雩《ぶう》に風《ふう》して、詠《えい》じて帰らん。

「沂」とは、川の名前。つまり、川で水浴びをしたい、と曾皙は言うのだ。そして、「舞雩」つまり〝雨ごいの踊りをする高台〟で風に吹かれて涼んでから、歌をうたいながら家路につく。そんな暮らしこそが、自分にとっては理想なのです、と。

さっぱりとした体で、心地よい春の風に吹かれながら、家族と一緒に、高台からのはるかな眺めを楽しむ。なんと落ち着いた暮らしぶりであることか。

曾皙のこの答えには、孔子も〝私はお前に賛成だな〟と溜息をついたという。『論語』のこの場面に現れているように、当時の中国には、雨ごいを行う特定の高台があった。ただ、その場所には〝雨ごい〟から連想される切羽詰まったイメージはなく、ふだんはむしろ、行楽地として地元の人びとに愛されていたようである。

太古の人類の生命力

「雩」が表す〝雨ごいの祭り〟とは、実際にはどのようなものだったのだろうか。

古代中国のさまざまな慣習を記録した『礼記《らいき》』の「月令《がつりょう》」編には、この祭りでは盛んに音楽を演奏する、とある。古代中国の歴史書の一つ、『春秋公羊伝《くようでん》』に付けられた注釈によれば、少年少女八人ずつが踊るのだという。

いざ、雨ごいをするときには、鉦《かね》や太鼓を打ち鳴らし、子どもたちが舞い踊る。ふだんはといえば、その高台は人びとの憩いの場となっている。「雩」が表す〝雨ごいの祭り〟は、なにやら底抜けに明るい印象だ。

雨が降らなければ、死ぬかもしれない。――「霊」や「需」を〝雨ごい〟と結びつける説からは、そういった切迫した思いが汲み取れる。だが、「雩」は異なる。破滅寸前の状況の中で、楽器を鳴らし、舞い踊ってみせるのだ。

ここで思い出すのは、日本の神話、例の「天の岩戸」の物語だ。

洞窟の中に閉じこもってしまった天照大神《あまてらすおおみかみ》。それは、太陽が現れないという危機的な状況の象徴なのだろう。困った八百万《やおよろず》の神々たちは、洞窟のまわりに集まって、空っぽの桶を叩き、ストリップまがいのダンスまでくり広げて、大笑いをする。天照大神は、その騒がしさに興味を惹かれて、入り口を少し開けて、外をのぞいて見ようとした。

その瞬間、太陽神は引きずり出されてしまうわけだが、これも、生死のかかった大ピンチを、どんちゃん騒ぎで乗り越えようという作戦なのだ。

太古の人類は、そういう力強い生命力に満ちていたのだろう。人類が苛酷な自然環境の中を生き延びて、現在の文明を築き上げるに至った原動力は、知恵や技術ではなく、どんなときでも明るさを失わないという、心の持ちようだったのかもしれない。

あとがき

大学三年生の夏休み。一人旅で、山口県の萩を訪れたことがあった。

朝から武家屋敷だの松下村塾《しょうかそんじゅく》だの毛利家の墓所だのを歩き回って、疲れ果てて海辺を歩いているときに、夕立に降られた。手持ちの折りたたみ傘を差してみたものの、役に立たないくらいの土砂降りだ。たまりかねて、目についた喫茶店に飛び込んでみた。

入ってみると、アンティーク調の内装が落ち着きを感じさせる、過ごしやすそうなお店だ。そこでアイスコーヒーか何かを飲みながら、夕立が通り過ぎるまでの小一時間、ぼんやりと座っていたのだった。

今でも、そのときのことをふと思い出すことがあるのは、なぜなのだろう？　あの雨宿りが、どうしてそんなに印象に残っているのか？

振り返れば、あれは、ぼくの人生で初めて、ひとりで喫茶店に入った経験ではなかったか。だから、少しおとなになったような気がして、印象に残ったのかもしれない。おおげさに言えば、あのとき、あの雨の音を聞きながら、二〇歳のぼくはようやく少年の世界を抜け出し、青年の世界へと足を踏み入れかけていたのかもしれない。

以上はぼくの思い出話だが、だれだって、雨にまつわる思い出を一つや二つ、持っていることだろう。人生には、時折、印象的な雨が降る。雨は、平凡な一個人の生活を、ちょっとだけドラマチックに演出してくれる。

ただ、それは、個人の立場から雨を眺めた場合のことだ。

当たり前のことだが、あのときのあの夕立は、あの喫茶店でお茶をしていたほかのお客さんの上にも降っていた。マスターの上にも店員さんの上にも、そして、萩の町を歩いているすべての観光客の上にも、ごくふつうの日常を送っていた萩市民の方々の上にも。

雨は、あらゆる人の上に同じように降る。雨とは、基本的には社会的なできごとなのだ。にもかかわらず、人びとは、自分だけの思い入れを抱いて雨を眺めることがある。だから、雨について考えていくと、個人的な感傷にも出会うのはもちろん、時には社会的な問題にも行き着くことだろう。

そんな〝雨〟についていろいろと考えてみよう、というのが本書執筆の動機である、と言えればカッコイイのだが、実際には、そこまで考えてこの仕事を始めたわけではない。

　本書の元になったのは、二〇一四年から翌年にかけて、芸術新聞社のホームページで連載させていただいた、『雨の漢字の物語』である。そのとき、テーマとして〝雨〟を選んだのは、〝何かが書けるんじゃないか〟という思いつきにすぎなかった。

　思いつきで始めた仕事は、いずれ、行き詰まる。案の定、やがてネタ探しに苦労するようになり、当初は二四回くらい続ける目論見だったが、一八回で力尽きてしまった。内容的に見ても、まとまりのある読みものには仕上がっていなかった。

　これでは、一冊の本にまとめるのはむずかしい。――そう思っていたのだが、今年の夏になって、風向きが変わった。草思社の木谷東男さんとフリー編集者の相内亨さんが、「本にしてみませんか」とお声をかけてくださったのだ。そこで、構想を一から練り直すことにした。

　まず、漢字の本としての性格をはっきりさせるため、「雨かんむり」の漢字をいろいろ登場させるスタイルを取ることにした。その上で、それぞれの成り立ちや使用例から見えてくる、個人的なレベルと社会的なレベルとを織り交ぜたさまざまな〝物語〟を紹介することに焦点を絞った。その結果、連載原稿の半分近くを割愛し、残った部分にもかなり手を入れた上で、新たにそれ以上の原稿を書き足すことになった。
かくして出来上がったのが、本書『雨かんむり漢字読本』である。あの夕立から三〇年近くが過ぎ、この本が校了になるころには、ぼくも、いよいよ五〇歳になる。

本書が出版できるのは、草思社の木谷さん、相内さんのお力によるものです。心よりお礼を申し上げます。また、一冊の本が世に出るまでには、校正や装丁、印刷、宣伝、販売などなど、多くの方々のお力をお借りします。そのすべての方々に、感謝申し上げます。

本書を手に取ってくださる読者のみなさんの人生には、どんな雨が降っていたことでしょうか。それを想像しつつ、筆をおくことといたします。

二〇一七年、歳末の喧騒を耳にしながら

円満字　二郎

文庫版のあとがきに代えて――雨かんむりの落ち穂拾い

「あとがき」で述べたように、本書で「雨かんむり」の漢字を対象にしたのは、結局は個人的な好みにすぎない。が、部首として手ごろなサイズだからだという理由もある。漢和辞典の「雨かんむり」のところには数十を超える漢字が並んでいるが、その中で、現在でも使われるのは二〇ちょっと。一冊の本で取り上げるのに、ちょうどよい分量だと思ったのだ。

ただ、諸般の事情から、構想倒れで取り上げられなかった漢字も出てしまった。そこで、せっかくの機会なので、そのうちのいくつかについて、ここで補足的に紹介しておきたい。

まずは、「雫」。日本では「しずく」と訓読みして使われ、〝したたり落ちる液体の粒〟を指す。音読みは「ダ」だが、中国語での意味が、わからない。一〇世紀に作られた

『竜龕手鑑《りゅうがんしゅかん》』という辞書に載っているのだが、そこには発音が記されているだけで、意味に関する記述はないからだ。

何て役に立たない辞書なんだ、と思われるかもしれないが、〝辞書〟というものに対する考え方が、当時と今では異なるのだ。文句を言っても始まらない。

そこで、漢和辞典では、「義未詳」つまり〝意味不明〟の漢字として載せている。「しずく」と訓読みする「雫」は日本で独自に作られた漢字なのだが、それとまったく同じ形をした意味不明の漢字が、中国の古い辞書にたまたま載っていたのである。

次は、「雰」。現在の日本語では、「雰囲気」の形でしか用いられないといっていいだろう。もともとは、「霧」に似て〝細かい雨粒や雪が空中を漂っているようす〟を表す漢字で、中国の古い詩文にはそれなりの使用例がある。

それに対して、「雰囲気」は、江戸時代後期の蘭学者、青地林宗《あおちりんそう》が、オランダ語で〝大気〟を表すことばの訳語として作りだしたもの。明治に入ると「雰囲気」は、そのオランダ語に相当する英語atmosphereの訳語として使われるようになった。

ところが、英語のatmosphereには、〝大気〟のほかに〝その場でなんとなく感じられる気分〟を指す用法もある。そこで、「雰囲気」もだんだんとそちらの意味で使われることが多くなり、現在では、もともとの用法はすっかり影を潜めてしまったという次第なのだ。

青地林宗が訳語についてあれこれ頭をひねっていたときに、もし「雰囲気」ということばが天から降りて来なかったとしたら……。「雰」という漢字は、今ではまったく使われなくなっていたことだろう。漢字の運命とは、つくづく不思議なものである。

さて、「雰」の本来の意味と似た意味を表す漢字には、「霧」のほか、「もや」と訓読みする「靄」もある。この漢字、音読みは「アイ」。「和気靄々」（「和気藹々」と書くこともある）がその代表的な例で、音読みでのほかの使い道はすぐにはちょっと思いつかないいくらいだ。

この四字熟語から見る限り、「靄」には、それに包まれると心地よさを感じるような、プラスのイメージがあるようだ。一方、日本語の「もや」は、「もやっている」「もやもやする」のように、すっきりしない、ややマイナスのイメージがあるように感じられる。

とすれば、漢字の「靄」と日本語の「もや」の間には、微妙な意味合いのずれがあるのかもしれない。このあたりには、本来は中国語を書き表すために作り出された漢字を、日本語を書き表すために用いるということのむずかしさが、顔を出しているような気がする。

金文の「非」（左）と
篆書の「飛」（右）

最後に、「霏」も取り上げておこう。音読みでは「ヒ」と読み、〝雨や雪が入り乱れて降るようす〟を表す。「白い雪が霏々と降る」のように、「霏々」の形で用いられるのがふつうだ。

この漢字については、どうして「非」が含まれているのかが気になるところだ。調べてみると、「霏」には、「雨かんむり」の下に「飛」を書く異体字がある。〝入り乱れて降る〟ことを〝飛び交う〟ことだと考えれば、この異体字の方がイメージによく合う。

実は、「非」と「飛」は関係が深い。どちらも「ヒ」と音読みするのはもちろんのこと、古代文字では形にも似通うところがある。図は、金文の「非」と篆書の「飛」。「非」は左右に広げた鳥の羽、「飛」は、羽を広げて飛ぶ鳥の絵から生まれた漢字だという。そう言われれば、確かにそんなふうにも見えてくる。

つまり、「霏々」の背後には、「飛」という漢字の存在がある。「白い雪が霏々と降る」という表現の向こうに、乱れ飛ぶ鳥の群れの幻を見たとしても、あながち的外れではなかろう。

＊　　＊　　＊

本書が単行本として刊行されてから、まだ二年半にしかなりません。かくも早く文庫に入れてくださる草思社および関係者のみなさんに、心よりお礼を申し上げます。

文庫化にあたっていろいろと手を入れたいところもあるのですが、一度、世に出した文章ですので、明らかにおかしな部分以外、直しは入れないことにしました。一か所、三七ページの「零」の成り立ちに関する説明の部分で、新元号「令和」に関係する記述を追加した程度です。

私はこの本を、一つ一つの漢字にイマジネーションを刺激されながら書き進めました。願わくは、みなさんにとって、本書の内容がイマジネーションを刺激するものでありますように。

二〇二〇年六月、新型コロナウイルスによる巣ごもりの最中に

円満字　二郎

＊本書は、二〇一八年に当社より刊行した著作を文庫化したものです。

草思社文庫

雨かんむり漢字読本

2020年 8 月10日　第 1 刷発行

著　　者　円満字二郎
発 行 者　藤田　博
発 行 所　株式会社 草思社
〒160-0022　東京都新宿区新宿1-10-1
電話　03(4580)7680(編集)
　　　03(4580)7676(営業)
　　　http://www.soshisha.com/
編集協力　相内　亨
本文組版　有限会社 一企画
印 刷 所　中央精版印刷 株式会社
製 本 所　中央精版印刷 株式会社
本体表紙デザイン　間村俊一

ISBN978-4-7942-2466-8　Printed in Japan

草思社文庫既刊

齋藤 孝
声に出して読みたい日本語①〜③

黙読するのではなく覚えて声に出す心地よさ。日本語のもつ豊かさ美しさを身体をもって知ることのできる名文の暗誦テキスト。日本語ブームを起こし、国語教育の現場を変えたミリオンセラー。

齋藤 孝
声に出して読みたい論語

「論語を声に出して読む習慣は、心を研ぐ砥石を手に入れたということだ。孔子の身と心のあり方を、自分の柱にできれば、不安や不満を掃除できる」（本文より）日本人の精神を養ってきた論語を現代に。

齋藤 孝
声に出して読みたい親鸞

なぜ「南無阿弥陀仏」の六文字を唱えるだけでいいのか。悪人のほうが善人よりなぜ救われるのか。きわめてシンプルに覚悟を問う親鸞の教えを「歎異抄」「和讃」などから読み解き、言葉の真意を味わう。

草思社文庫既刊

本と暮らせば
出久根達郎

本との出逢いが人生だ——本と暮らして70年、古書店主にして直木賞作家が綴る本と作家にまつわるエッセイ。知られざる面白い本や本にまつわるドラマ、漱石、芥川、太宰などの秘話を軽妙に濃密に語り尽くす。

渡り歩き
岩田 宏

本から本へ、忘れられた作家から未知の傑作へ。読書の枠を知りつくした詩人・作家の岩田宏が、無類に面白い名著を思いのまま渡り歩く。これぞ読書、というべき深い味わいに満ちた読書論の決定版。

一時停止
谷川俊太郎

自選散文1955—2010

詩人・谷川俊太郎の56年間にわたる、生活に関する文章を一冊にまとめた自選散文集。なにかと気忙しく、浮き足立っている近頃、このへんでちょっと一息ついて来し方を振り返ってみましょうか。

草思社文庫既刊

中村喜春
ころし文句　わかれ言葉

男と女はもちろん親子、友人の間柄だって相手をホロリとさせたり、気持ちよくさせる言葉は大切。喜春姐さんが艶っぽい「ころし文句」、切ない「わかれ言葉」を披露。知っておきたい粋な言葉の使い方。

中村喜春
いきな言葉　野暮な言葉

やらずの雨、とつおいつ、色消し、下駄をあずける――花柳界や歌舞伎に伝わる言葉、江戸言葉160語を収録。響きのいい言葉に洒脱で気風のいい江戸っ子の心意気が浮かび上がってくる日本語お手本帳。

石山茂利夫
裏読み深読み国語辞書

「辞書に間違いはない」「どの辞書も内容は同じ」と思ったら、大間違い。慣れ親しんだ国語辞書を読み比べると、日本語の意外な素顔が見えてくる。日本語に関心のある人なら必ず楽しめる一冊。

草思社文庫既刊

ひらのこぼ
俳句発想法　歳時記〔春〕

俳句は〝発想の型〟に習熟してこそ、打坐即刻の秀句が生まれます。数々の春の季語から発想を広げる切り口を提示した、まったく新しい歳時記。作句のヒントを多数掲載し、俳句の創作意欲を刺激します。

ひらのこぼ
俳句発想法　歳時記〔夏〕

大人気『俳句発想法』シリーズの〔夏〕編。草花や昆虫の自然の息づかい、暮らしの模様など夏は句材に富んだ季節。夏の季語ごとに発想の切り口を紹介しました。本書を傍らに俳句の世界に遊びましょう。

ひらのこぼ
俳句発想法　歳時記〔秋〕

爽やかな涼気を感じる〔秋〕、もののあわれを感じる季節の心情を句に託してみましょう。〝発想の型〟を学べる例句を多数掲載し、秋の季語を解説しました。句会や吟行に携えられるハンディな文庫サイズ。

草思社文庫既刊

ひらのこぼ
俳句発想法　歳時記〔冬・新年〕

日本の〔冬〕は、七五三、顔見せ、除夜の鐘、獅子舞、酉の市など行事の季語が豊富です。冬の季語を起点に、想像力を羽ばたかせる〝発想の型〟を伝授。俳句実作者のための便利なガイドブックです。

ひらのこぼ
俳句がうまくなる100の発想法

俳句上達の早道とは「型」を習得すること。あまたの先人から導き出した俳句の100の型を紹介。「裏返してみる」「しぐさをとらえる」「自分の顔を詠む」など数々の型から、ヒラメキが降りてくる！

『週刊俳句』＝編
子規に学ぶ俳句365日

「写生」という近代俳句の手法を提唱した正岡子規。そんな子規の俳句を一日一句365日、めぐる季節を楽しみながら俳句の骨法が会得できる一冊に。注目の若手俳人9名が子規俳句の魅力を解きほぐす。

草思社文庫既刊

出久根達郎
隅っこの昭和
モノが語るあの頃

私のモノへのこだわりは、結局は昭和という時代への愛惜である(はじめにより)。ちゃぶ台、手拭い、たらい、蚊帳、えんがわ…懐かしいモノを通じて、昭和の暮らしと人情がよみがえる、珠玉のエッセイ。

髙橋秀実
素晴らしきラジオ体操

ラジオ体操はなぜこんなに日本人に愛されるのか。3年かけて各地のラジオ体操会場に突撃取材。すると「世界遺産に登録したいぐらい」(by著者)不思議なラジオ体操と日本人の姿が見えてきた。

小関順二
「野球」の誕生
球場・球跡でたどる日本野球の歴史

正岡子規が打って走った明治期から「世界の王貞治」が育った戦後復興期まで、日本野球一五〇年史を豊富なエピソードとともに語る無類に面白い野球エッセイ。地図と資料写真も多数挿入。**『野球を歩く』改題**